やる気はどこから来るのか

心理学ジュニアライブラリ

意欲の心理学理論……………………奈須正裕

北大路書房

心理学ジュニアライブラリ

03

やる気はどこから来るのか

意欲の心理学理論

奈須正裕

北大路書房

目 次

序章

やる気が出ない
わかっちゃいるけどやり出せない
そんなあなたにぜひ読んでほしい

◆―意欲は本人しだい？

勉強のことをめぐって，先生や親からこんなことを言われたことはありませんか。

「あなたはやればできるんだから，やる気を出してがんばりなさい」

あるいは「為（な）せば成る」で始まる格言でお説教されたことはありませんか。この格言はその後「成らぬは人の為さざるなりけり」と続きます。

「がんばればうまくいく。うまくいかないのは，本人がそうしようとしなかったからだ」

というわけです。

これらの背後には，意欲というのは本人の意志しだい，本人が出そうとさえ思えばたちどころにドンと出るものだ，という考え方があります。意欲という言葉は，意志と欲求の合成語だという説もありますから，本人の意志でどうにでもなると考えるのも，あながち間違いではないのでしょう。

しかし，そうなると，やるべきことをやらない，出せるべき意欲を出さないあなたが悪い，全面的に責任があるということになりますね。

「根性決めて意欲を出せ」

「ここはイッパツ気合いでがんばれ」

という理屈になるのです。

そして，それでも意欲が出せないというなら，もう根性のない，意志の薄弱な，性格的に問題のあるダメ人間という烙印(らくいん)を押さざるを得ない。こういう道理に行き着くわけです。

◆─意志はあるけど意欲が出ない？

たしかに，もっともな理屈であり道理です。でも，あまりにもっともすぎて，反面「そう言われてもねえ」「どっか違うんだよなあ」という感じもしませんか。正面切って反論するほどの自信はないのだけれど，だからといって100%納得しているわけでもないというんでしょうか。この問題，もう少していねいに考えてみることにしましょう。

何より，そういうあなたも「やらなきゃいけない」とはどこかで思っていますものね。それどころか，できることなら「今すぐにでもやりたい」と思っているのではないですか。その意味で，そこそこの意志や自覚はあるわけです。でも，どうにも元気が出ない。取

わかっちゃいるけどやり出せない

りかかれない。

「やらなきゃいけないと，わかっちゃいるけどやり出せない」

こういった状況に陥っている人もいるのではないでしょうか。

でも，考えてみれば不思議ですね。「やらなきゃ」という意志もあるし，「わかっている」，つまり理解し自覚もしているのに，その本人がどうして「やり出せない」「意欲が出ない」「行動が起こせない」んでしょうか。

「わかっているんなら，やればいい」

まわりの人がそう思うのも無理はありません。あなただって，ほかの人のそういうようすを見たら，同じように思うかもしれませんよ。

しかし，いざ自分のこととなると，そうはいかない。

どうにもからだがいうことをきいてくれないんですね。

こんな堂々めぐりをくり返している人はいませんか。おとといも，昨日も，そして今日も。もしかすると明日もそうかもしれない。そう考えると，いよいよやる気が出ない。取りかかれない。

すると，いよいよまずいですね。いけない，いけない，という気持ちばかりが先行してしまいます。出てくるのはそんな，「はやる気」ばかりで，肝心のやる気はますます遠のいていきます。これはもう，無気力の無限ループです。

こんな状態がズルズルと続くと，気分も滅入ってくるし，イライラもしてくる。そのうち，ほかのことまでやる気が失せてくる。何から何までいやになってくる。食欲がなくなったり，体調まで悪くなってくるかもしれません。

ついには，そんな自分のことまで嫌いにすらなってきたりする。

「なんて自分は無価値な人間なんだ。もうこれ以上，生きていたって意味がない」

そんなふうに考え出す危険性もあります。

「だったら，最初からやる気を出せばいいじゃないか」

こう言われそうですが，それが出ないから困っているわけです。なぜかはわからないし，先生や親が言うもっともな理屈や道理からすればおかしなことなんだというのもよくわかっているんだけど，これがどうも実際に起こっていることのようです。

さて，こう考えてくると，どうも意欲の出る出ないには，本人の意志とか自覚とは別に，何かほかの理由がありそうだ，と思えてきませんか。

◆―意欲が出ないのも合理的？

ここであなたは「じゃあ，心理学はどう考えるの」と言いたいでしょうね。だって，この本は意欲について「心理学」がどう考えるのかをお話しする本なのですから。

ひとことで結論を言いましょう。多くの場合，意欲が出ないのには，本人の意志や自覚とは別に，それ相応の理由があります。これは「逆もまた真なり」で，意欲が出るのにもそれなりのちゃんとした理由があります。

つまり，意欲が出たり出なかったりするには，それに対応する心のしくみ，心理学的なメカニズムがあるのです。あえて極端な言い方をするならば，あなたはただただそのしくみに従って，いわば合理的にふるまっているだけなのです。あなたの意志といったものは，一般に信じられているほどには強い影響力をもちません。

カギは，あなたがおかれてきた環境と，それをあなたがどう解釈してきたかにあります。意欲が出ないような環境におき続けられ，あるいは意欲が出ないようなものの考え方をしてきたから意欲が出ないのであって，それ自体はきわめて理にかなった，つまり合理的なできごとなのです。

もちろん，強い意志やド根性で，このしくみを乗り超え，事情を変えることもできないわけではありません。所詮（しょせん）は，自分自身に関することですからね。

でも，それはそんなに簡単なことではありません。先生や親が言うような「イッパツの気合い」程度で，すぐにどうこうなるようなものではないのです。

「意欲が出ないのも合理的って何か変だな」と思うかもしれません。でも，それこそがしくみのしくみたるゆえんです。そして，そのしくみを実験や観察，調査など実証的な方法で検討し，理論化しようとしてきたのが，心理学という学問なのです。

この本では，そんなあなたの意欲，とりわけこの本を手にしている多くの人の関心事であると思われる勉強への意欲について，心理学が明らかにしてきた心のしくみ，**心理学的メカニズム**についてお話ししていきたいと思います。

読み進めるうちに，「なるほど，たしかにそういうことはある」「そうか。だからこういうことになっていたんだ」と，そんな発見がいくつかでもあれば，私としてもうれしいと思います。

さらに，「じゃあ，これからはこうしていこう」というものが１つでも見つかり，実際に毎日の暮らしの中で実行してもらえれば，そして，前と比べてほんのちょっぴりでも意欲が出るようになったなら，望外の喜びです。

　さーて。それではイッパツ気合いを入れて，なんとか根性決めて最後までおつきあいください。

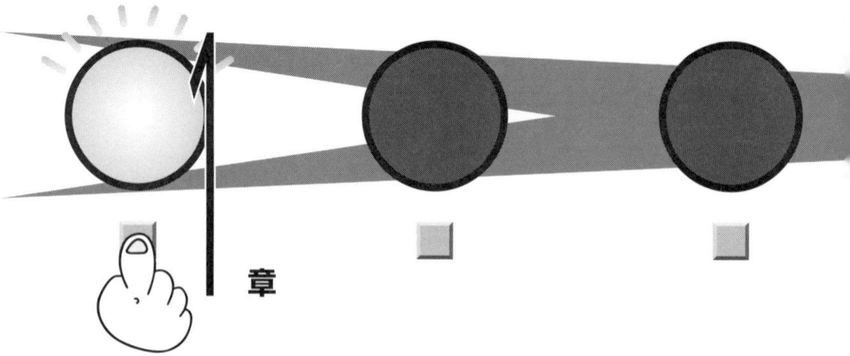

1章

無気力は学習される

◆──行動と結果の随伴性

まずは，先生や親がふたことめには言う「為せば成る」という考え方を，心理学的に吟味することから始めましょう。だって，こんな言葉があるために，さんざん小言やお説教を聞かされてきたんですから，この考え方がどれくらい真っ当なものなのか，やっぱり気になるでしょう。

すでにお話しした通り，「為せば成る」というのは「がんばればうまくいく。うまくいかないのは，本人がそうしようとしなかったからだ」ということですね。

この考え方は，じつは1つの前提のうえに成立しています。それは，自分の行動が望む結果の必要十分条件になっているということです。がんばれば必ず望む結果が得られるし，努力しなければ絶対に望む結果を得ることはできない。このような条件が成立している状況を，心理学では「行動と結果の**随伴性**がある」といいます。

人間はもとより，広く動物にとって，行動と結果の随伴性はとても大切です。人は，自分の行動がまわりになんらかの変化をもたらすと思っているから，つまり行動と結果が随伴していると信じているからこそ，何かを「為そう」とするのです。

もし，行動と結果が随伴していない，つまり自分の行動とまわりのできごとがまったく無関係に起こるとしたらどうでしょう。まさに「のれんに腕押し」，文字通りやりがいのない状況ということになりますね。

行動と結果が随伴しない環境におかれ続けると，人はもちろん動物でさえ，ついにはやる気を失い，まったく行動しなくなります。また，不安な気持ちや憂鬱（ゆううつ）な気分が慢性化し，からだにも変調が現れます。そしてついには，生きていることさえ無意味に思えてくるのです。

「なんでそんなことがわかるのか」って。いい質問です。心理学というのはすごい学問で，行動と結果が随伴しない環境を人為的に作り出し，そこに動物や人間をおくことによって，その影響を実験的に検討してきたんですね。「無茶するなあ」って？　まあ，私たちとしては，「ダイナミックだなあ」って言ってほしいんですが……。

初期にやられた実験の１つでは，イヌを立たせたまま動けないように固定し，前足に電気ショックを与えます。電気ショックといっても命に別状があるようなものではないのですが，それでもかなり嫌悪的な経験に違いはありません。

当然，イヌはさまざまな動きをし，何とか電気ショックから逃れようとします。しばらくすると電気ショックは止まりますが，それはイヌのいかなる動きとも無関係です。そして，またしばらくすると電気ショックがやってくる。これが何度もくり返されるのです。

イヌにできるすべての行動とまったく無関係に電気ショックはやってきて，そして去っていく。要するに，行動と結果の随伴性がまったくないんですね。

こんな環境におかれたイヌはどうなったでしょうか。なんと，いっさいの行動を放棄し，ただただ電気ショックに耐え，それが去るのを待つようになるのです。元気だったイヌが，この実験操作によって，すっかり無気力になってしまったわけです。

次に，そのイヌを別の実験箱の中に入れます。やはり実験箱の床から電気ショックがかけられるのですが，

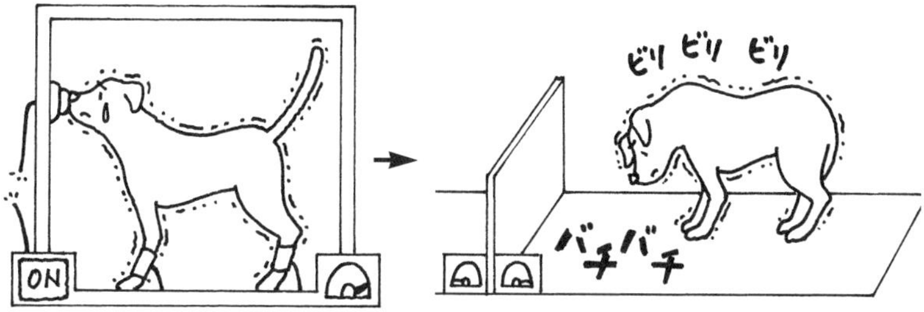

無気力になってしまったイヌ（実験群）

実験箱はイヌの肩の高さくらいの板によって2部屋に仕切られていて，仕切板を跳び越して隣の部屋に移りさえすれば，電気ショックから逃れることができるようになっています。今度は，積極的な行動によって電気ショックから逃れられる，つまり客観的には行動と結果が完全に随伴している環境になっているんですね。

ところが，ひとたび無気力になってしまったイヌは，そう簡単にやる気を取りもどしません。電気ショックがきても，全然積極的な行動に出ず，甘んじて受けるだけ。こうなると面倒で，文字通り首に縄をつけて引っ張ってやらないと，隣の部屋へと移動しません。そのようすは「何をしてもむだなんだから，放っといてくれ」と言わんばかりなのです。

◆──学習性無力感

この実験を考案した心理学者のセリグマンは，この興味深い現象を**学習性無力感**とよび，次のように解釈しました。行動と結果が随伴しない経験をするうちに，自分自身の行動は無効であると考えるようになり，そのため客観的には行動によって結果を変えられるような場面に出合っても，「どうせ何をやっても関係ない」と考えて無力感に陥り，何もしようとしなくなるというのです。

学習性無力感を英語では（というか学習性無力感が日本語訳なのですが）learned helplessness といいます。learn は「学習」ですね。helplessness とは形容詞 helpless を名詞化したものです。というわけで helpless を辞書で引くと，まず「自分ではどうすることもできない」というのが出てきます。これを合わせると，「自分ではどうすることもできないということを学習した状態」あるいは，「学習（経験）によって生まれた，自分ではどうすることもできないという状態」となります。

なお，実験では比較のための群（**対照群**）も設けられていました。というのも，電気ショック自体も当然，嫌悪的ですから，それをたくさん経験すれば意欲がなくなるかもしれない。その可能性を確認しようというのです。

そのため，対照群のイヌは鼻の前にあるパネルを押すことにより，自力で電気ショックを止められるようになっていました。行動と結果の随伴性がある状況ですね。と同時に，対照群のイヌが経験する電気ショックの総量自体は，**実験群**のイヌと同じになるように設定しておきます。

結果は，対照群のイヌは無力感に陥らず，実験箱に入れられると，いとも簡単に仕切り板を跳び越して電気ショックを回避しました。このことから，実験群のイヌに形成された無力感の原因は，電気ショックという嫌悪的な経験ではなく，行動と結果の随伴性のなさだということが実験的に検証されたことになるのです。

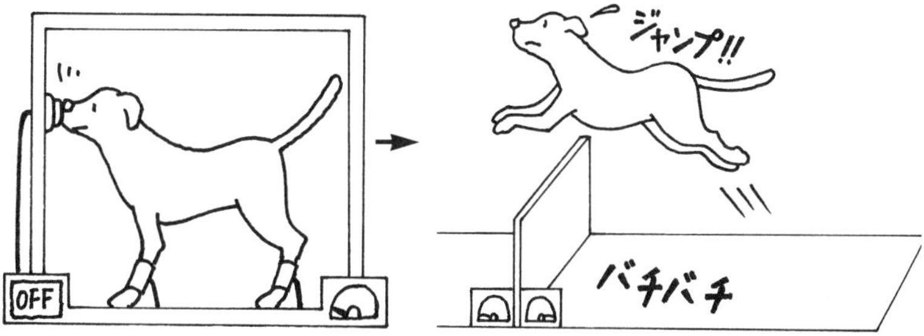

無気力にならなかったイヌ（対照群）

同様の実験計画で，人間も無力感になることが確認されています。もちろん，電気ショックをかけるわけではありません。そこでは，電気ショックの代わりにヘッドホンを通して聞かされる大きな雑音が用いられ，ほぼイヌと同様の結果が得られました。

まあ，驚くようなことではないですね。人間も動物だから，イヌに起こることは人間にも起こるというわけです。いや，雪がコンコン降った日に，「喜び庭かけまわる」と歌に歌われたあの元気なイヌでさえ無気力になるんですから，人間なんてひとたまりもないのは当然かもしません。

◆―心理学における学習の概念

少し横道にそれますが，ここで1つ，言葉の意味の整理をしておきましょう。考えたいのは，**学習**という言葉です。

先ほど，学習性無力感という言葉が出ましたが，「無力感を学習するって，もうひとつよくわからない」と思っている人がいるんじゃないでしょうか。あるいは，「イヌが学習って変じゃない」って思っている人もいるかもしれませんね。

心理学に限らず，学問の中には日常用語，この場合は学習ですが，それと同じものを使っていながら，その意味するところやニュアンス，イメージがいくらか違っていることも少なくありません。少し理屈っぽくなるし長くもなりますが，ここはイッパツ気合いを入れてついてきてください。

さて，その学習。「学習って，勉強のことでしょう」。まあ，勉強も学習なんですが，それは人間が机に向かって本を開いて，そこに書かれたことを理解したり記憶したりっていうイメージですよね。もちろんそれも学習ですが，心理学ではもっと広い意味に使います。

まず，別に人間じゃなくてもいい。動物でもいいんですね。イヌの話をしましたが，心理学ではそれ以外にネズミやサル，ネコやハトや魚なんかでも学習を研究してきました。もちろん，ハトが文字を読んでフムフムなんていうわけはありません。

勉強でもそうですが，学習すると新しいことができるようになりますね。サルや魚も，学習によって新しいことができるようになる，行動のパタンを増やすことができます。

動物の曲芸を見たことあるでしょう。日光サル軍団とか水族館での魚の輪くぐりとか。サーカスの動物たちもすごい芸をしますよね。あれはすべて，学習の結果なんです。もちろん，魚が自分から芸を身につけたりしません。人間が仕込んだ，学習させたんですね。

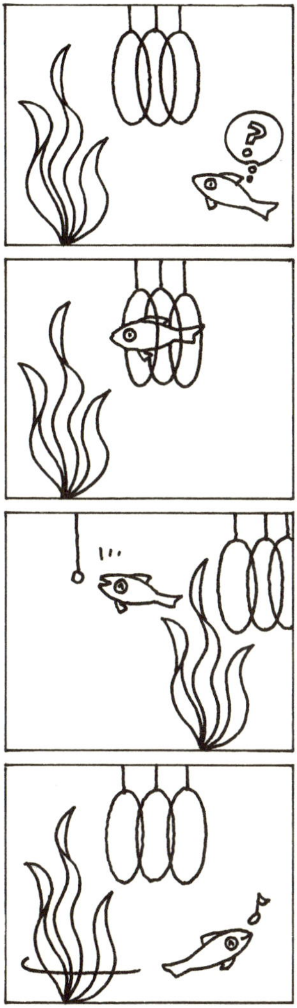

魚の輪くぐりを例に考えてみましょう。まず水槽の中に輪を入れます。当初，魚は別に輪をくぐろうとはしていないんですが，偶然その中を通ってしまうことが起こります。このタイミングでエサを入れてやる。するとまあ，魚はエサを食べますよね。これを何度も何度もくり返していきます。

エサを見たら食べるというのは，魚に前から備わっていた行動パタンです。そしてそれは，魚にとっていいこと，うれしいことですから，もっと起こってほしい。

すると，それが報酬としてのはたらきをもち，報酬をもたらすあらたな行動，この場合は輪を見たらくぐるという行動をとるようになる。報酬を得る手段として，偶然にではなく，自分から進んでどんどんするようになるというわけです。報酬によって行動が強められたわけですね。だから，このはたらきを**強化**とよびます。

かくして，エサを見たらそれを食べるという本来魚に備わっていた行動パタンを足場に，輪を見たらくぐるというあらたな行動パタンを獲得させることができました。ある条件に従った行動を形成することから，これを**条件づけによる学習**，あるいは単に**条件づけ**とよびます。

私たちが魚の輪くぐりとして見ているのは，じつはこういった訓練，魚の側からみれば学習の成果なんですね。これもまた学習です。何度も何度も練習する（させられる？）ことによって，新しいことができるようになる，あらたな行動パタンを獲得していますからね。エサを食べるという魚にとってそもそもうれしいことが，それをもたらす条件である輪を見たらくぐるという行動を強化し，学習を成立させたわけです。

◆—何が適応的な行動パタンか

さて，話をイヌの実験にもどしましょう。

じつは，対照群に与えられたのが，むしろふつうの学習実験の実験操作なのです。ここで，魚の輪くぐりでのエサにあたるのは，電気ショックにさらされる時間が少しでも短くなることです。エサを食べることのように，積極的にいいこと，うれしいことではありませんが，長く電気ショックをあびることに比べたら，相対的にですが，いいこと，うれしいことに違いはありません。

かくして，それをもたらす手段となる行動，つまり鼻でパネルを押すというあらたな行動を獲得し，自分から進んでどんどんやるようになるわけです。どうですか。これはいかにも学習ですね。魚の輪くぐりとも似ているでしょう。

これに対して，実験群に与えられた操作は，学習実験としてはかなり変わったものといえます。電気ショックにさらされる時間を少しでも短くする手段として獲得すべき行動が，ただの１つも存在しないというんですから「いったい何を学習しろというんだ」って感じですよね。

でも，それが１つだけあるんですね。こんな条件下で唯一学習できるあらたな行動パタンとは，なんといっさいの積極的な行動を起こさない，というものなのです。これこそが，無力感を学習したということの行動的な実体なのです。

「よりによって変な行動パタンを学習したなあ」と思うかもしれません。でも，行動と結果が随伴しない状況下では，これこそが最も合理的な行動パタンなんですね。

なにより，無駄な行動をとらない分，エネルギー消費が少ない。これは，その環境下で生き残っていく，サバイバルすることを考えるならば，とても重要な要因です。つまり，その環境に対して，より適応的な反応といえるわけです。

この環境への**適応**という考え方は，生物学で進化論をとなえたダーウィンが広めたものです。キリンの首が長いのは，最初から長かったわけではなく，エサとなる草や木の葉が食べ尽くされて減ってきたときに，より高いところにある木の葉を食べることができる首の長いキリンが生き残っていき，それが子孫を残すものだから，だんだんに首が長くなってきた。

つまり，環境にうまく適応できる個体や種が生き残り，その遺伝形質が後のちに受け継がれていった。逆に言えば，生物の進化というのは環境への適応を原理として進んできた。おおざっぱに言えば，まあこういう考え方でしょうか。

この適応の考え方は，心理学でも中心的な概念です。人間も動物も，基本的には環境に対して適応的に反応しようとしている，と考えるわけです。実験群のイヌがおかれたような，すべての行動が無効な環境では，いっさいの積極的な行動を起こさないという行動パタンの獲得は十分に適応的なものであり，その限りにおいて合理的であるとさえ見なし得るのです。

もっとも，その後がいけません。行動と結果が完全に随伴している別の実験箱の中でも，まだいっさいの行動をさし控えているわけですから。

この環境下ではどんどん行動する，この場合でいえば，電気ショックが来たらすかさず仕切り板を跳び越して反対側の部屋に移動する。これが，最も適応的な行動ということになりますから。

でも，じつはこの部分こそが，セリグマンの理論，学習性無力感概念のセールスポイントなんですね。行動と結果の随伴性がない環境下では，行動しないことが適応的かもしれませんが，いったんその行動パタンを学習してしまうと，その後，行動と結果が随伴する環境に出合ってもなかなか積極的な行動ができない，意欲的にふるまえない。これはじつに不適応的な，問題のある行動パタンなわけですが，そこから抜け出せなくなるわけです。

このことを鮮やかな実験を通して指摘し，さらにきっちりと理論化した点に，セリグマンの，そして学習性無力感という考え方のかっこよさというか，優れた点があるといっていいでしょう。まだ１つめの例ですが，心理学という学問の目のつけどころ，理論構成のポイントのようなもの，少しは感じてもらえたでしょうか。

◆―生まれつき無気力な人間はいない

それでは，話をあなたの意欲の周辺にもどして考えてみましょう。行動と結果の随伴性や学習性無力感という心理学の考え方，それを現実に示したイヌの実験から，何が見えてくるでしょうか。

学習性無力感という言葉は，とても示唆的ですね。なんといっても，無力感は「学習」されるもの，すなわち後天的に獲得されるものであって，しかもその人がおかれた環境によって生み出されるのだ，というのですから。

生まれつき無気力な人間なんて，だれ１人だっていません。それが証拠に，やる気のない新生児なんて見たことないでしょう。それどころか，ブルーな気分の幼児さんというのにも，幸か不幸か，私はまだ出会ったことがありません。

歩きはじめの赤ちゃんは，何度転んで痛い思いをしても猛然と立ち上がり，くじけることも飽くこともなく，さらに１歩を歩み出そうとします。この赤ちゃんの姿は，人が本来，がんばり，やり抜こうとする意欲的な存在として生まれてきたことをよく表しています。

しかも，赤ちゃんは，ただ行動し，何かを成し遂げようとする意欲に満ちているだけではありません。知的探究への意欲にも満ちあふれています。赤ちゃんは，何にでも興味をもちます。「何でこんなものを」と大人が考えるようなものにさえ興味を示しますね。

そして，いったん興味をもったが最後，頼みもしないのに積極的にはたらきかけ，お母さんもいやになるほど，しつこくそれらをいじくり回します。「これは○○するものなの。わかった。だから，そういうふうにしちゃだめ」なんていってもむだです。

それは何も，十分言葉がわからないからばかりではありません。何としてでも自分のからだと頭で確かめ，納得したいのです。そうさせてやらないとテコでも動かないし，無理にやめさせよう，引き離そうとすると，怒り狂い，泣きわめきます。

それほどまでに，赤ちゃんは，知りたい，わかりたい，できたいという知的探究への意欲のかたまりなのです。もし，阻止しようとするならば，泣きわめいて抗議するほどに。このあまりに日常的な事実は，人が本来，意欲に満ちあふれた存在であることを雄弁に物語っているのです。

◆—意欲はどこへいった

思えば，赤ちゃんをもつ親がやっていることと，学校で先生がやっていることは，まるで逆です。

先生は，生徒が意欲をもって，追究活動を展開することを期待し，あの手この手を尽くしています。驚かせたり，おもしろがらせたり，言い聞かせたり，あるいはなだめたり，すかしたりもします。そして，生徒がちょっとでも意欲的なそぶりを見せると，ここぞとばかりに良さを認め，もっとやれとたきつけます。もちろん，それでもやる気を出せないでいる生徒がいると，「為せば成る」のお説教がくり出されるのですね。

一方，赤ちゃんをもつ親は，子どもの次から次への，そしてあくなき興味と探究のパワーに少々うんざりしています。親の腕の見せどころは，家具や財布や本を守るべく，子どもの探究活動をどこか適当なところで断念させ，切り上げさせる点に，そして予想されるいざこざを前もって回避すべく，おもしろそうなものはすべて子どもの目のとどかないところ，手のとどかないところに配置する点にこそあります。

たしかに家庭と学校は違います。でも，ここに指摘したすべてのことが，家庭教育と学校教育という違いに帰せられるものではないでしょう。問題の核心は，この数年の間に子どもの側に起こっているだろう，意欲をめぐる大きな変化のほうにあると思うのです。

赤ちゃんの例からもわかるように，子どもは，というより人は，本来的に意欲に満ちあふれた存在です。それが，いつしか無気力になってしまう。それどころか「やらなきゃいけないと，わかっちゃいるけどやり出せない」んですね。

いったい，あんなにもたくさんあった意欲はどこへいってしまったんでしょうか。端的に言ってしまえば，変化の最初のピークは 6 歳のころに訪れます。そして，その原因は学校への就学です。

小学校の勉強が楽しいというのは，いくらかの子どもたちにとっては真実です。6 年間を通じてじつに生き生きと学びます。

しかし同時に，別のいくらかの子どもたちにとって，小学校は退屈で，抑圧的で，まったくしらけた空間です。最も早い敏感な子は 1 年生のゴールデン・ウィーク明けから，多くの子どもは 2 学期の半ばぐらいから，意欲の減退が始まるようです。学年が進むにつれ，その比率と程度は上昇し続けます。

中学や高校へ行けばなおさらです。中学や高校の教室で，意欲に満ちあふれ，1 日 6 時間すべての授業を楽しみ，集中して学んでいる生徒を見つけるのは至難の業でしょう。

みんな，3時半を待っているのです。そう，授業が終わって部活が始まる，あるいは教室から解放される時間をです。あなたのまわりにも，そんな「3時半から生徒」がいませんか。

意欲という視点からみた場合，教室はいかにしてそれをそぐかという発想でつくられたのではないかと疑いたくなるほど，不適切なことや不条理なことがたくさんあります。

◆―為すことも十分にできない

ためしに，最も一般的な授業形態である一斉指導を考えてみましょう。小学校のころを思い出しながら読んでみてください。

一斉指導は先生の指示と命令によって進行します。「はい，○○ページを読みなさい。5分で読みなさい」「終わりましたか。終わっていない人も手をおいて。それでは問題を解きなさい。3分でやってみましょう」「終わりましたか。終わっていない人も鉛筆をおいて。それでは答えてください」といった具合です。どうですか。こんな授業を受けた経験，あるでしょう。

さて，この一斉指導で頻繁（ひんぱん）に現れる「終わっていない人も」という言葉，一見何げないようですが，じつは当の終わっていない人，すなわち作業中や考え中の生徒にとっては決定的な意味をもちます。だって，このひとことで彼らは取り組み中のすべての活動を断念しなければならないのです。そして中途半端なまま，指示された次の活動へと向かうことを強要されているのです。この瞬間，それまでの努力もむなしく，学習は破綻（はたん）します。

さらに，ある活動を中断させることは，次の活動への実質的参加資格をも奪いかねません。読み終わってないのに問題は解けませんし，解き終わってないのに話し合いに加わるなんてこと，どう考えたってできるわけがないじゃないですか。

そこで「きりのいいところまでやってしまおう」とノートに向かっていると，こう言って先生に注意されるんですね。「鉛筆をおいてこちらを向きなさい。今は話し合う時間です」

みんな「授業ってそんなもんだ」と思い込んでいるのでしょうが，よくよく考えてみれば，じつに不合理で不条理ではないでしょうか。しかも，それが毎時間，毎日くり返されていくのです。

これじゃあ，どんどん意欲がなくなっていくのも無理はないと思います。だって，行動と結果の随伴性のあるなし以前の問題として，十分な行動をとる時間さえ完全には保障されていないんですから。これでは，望む結果もなかなか得られないでしょう。

要するに，できるように，わかるようにならない。さらに，これを毎時間，毎日くり返していくわけですから，わからないことが雪だるま式にどんどん増えていく。すると，ますます授業がわからなくなる。先生は「為せば成る」と言いますが,「為す」のに最低限必要な時間的条件さえも保障してもらえないんじゃあ,とても信じる気にはなりませんよね。

◆—伸びても評価されない

もう1つ,相対評価の問題を考えてみましょう。相対評価というのは,集団の中での位置づけでもって個人を評価する方法です。学習内容に照らして,今その人がどのくらいできるか,わかっているか,ではなく,まわりの人との比較においてどのくらいの位置にいるかで評価をしようという考え方です。

通知票の5段階評価や,入試の偏差値がその典型ですが,相対評価はいろいろと問題が多いので,文部科学省としても学校の中からだんだん減らしていく方向で政策を進めています。でも,中学,高校ではまだまだ多く使われているのが現状です。

さて,定期試験を前に,先生は「為せば成る」などと言って,生徒にハッパをかけます。それを受けて,仮にクラス全員が一生懸命（いっしょうけんめい）に努力して試験勉強をしたとしましょう。

たしかに,勉強すればそれなりにできるようになる,その個人をみれば,以前よりも少しはわかるようにもなっています。その意味では,クラスの全員にとって「為せば成る」は真実かもしれません。

でも,仮に全員が同じくらい進歩したとしたら,試験成績の相対的順位はまったく変動しません。したがって結果的に，クラスのだれについても成績は上がらないのです。奇妙な話ですが，これこそが相対評価の相対評価たるゆえんなんですね。

だって，相対評価というのは集団，この場合はクラスですが，その中での個人の相対的な位置によって評価をするんですから，全員が同じように伸びれば，お互いの位置関係はいっさい変動しない。ゆえに評価結果はだれ１人変わらない。前のまま，というわけです。

まあ，それでも良い成績だった人はいいでしょう。つらいのは，相対的な位置が下のほうの人ですね。その人だって，前よりはできるように，わかるようになっているんですよ。それでも，成績は変わらない。

なんと相対評価のもとでは，他者以上に「成した」場合に限り，また他者以上に「成した」部分に限って，「為せば成る」が成立するんですね。こんなに条件がきつくても，「為せば成る」というんでしょうか。

やはりここでも，行動と結果の随伴性はあまり高くない，とくに下位に甘んじている人にとってはそうでしょう。

このように教室というところは，とくに勉強に関して，行動と結果の随伴性はけっして高くはありません。教室の実態は，先生がいう「為せば成る」とは程遠い部分がままあるということです。

◆—為しても成らぬ，為さぬは大人の成らさぬなりけり

教室は，一般に信じられているほどには，行動と結

果の随伴性は高くない。つまり，必ずしも「為せば成る」環境ではありません。

先生は「為せば成る」と言い続け，生徒たちも最初は「為せば成る」を信じてがんばりますが，教室では，為しても為しても成らないことの連続です。

ここで，先生を責めてはいけません。一斉指導や相対評価に代表される伝統的な教室システム自体が，それを誘発するような構造になっているのです。先生たちはそんなしんどい状況の中で，少しでも「為せば成る」ようにしようと，がんばっているといっていいでしょう。

でも，そんな大人の事情は生徒には関係ありませんよね。がんばってもがんばっても，できない，わからない，評価されない。そんな状況におかれ続けた生徒たちは，だんだんと努力の有効性を信じないようになっていくだけです。

黒板の上には「努力する子」なんて書いた額が飾ってあったりするのに，なんとも皮肉な話ですね。

ついには，たとえ十分に「為せば成る」場面であっても，努力することはおろか，なんら積極的なかかわりをもとうとしなくなるに違いありません。

「あれ。これってさっきのイヌと同じじゃない」って？　そう，その通りです。だから言ったでしょう。イヌに起こることは人間にも起こるって。

「人間の心の研究をするのに，イヌやネズミで実験するなんてやっぱりどこか変だな」って思った人もいるかもしれませんが，動物を対象に研究することで人間の心理学的なメカニズムがわかることも大いにあるんですね。

あるいは，「あんな日常生活とはかけ離れた実験操作なんかやって何がわかるの」と思っていた人もいるかもしれません。たしかに，電気ショックその他の操作そのものは，動物にしたところで，けっして日常的ではない。きわめて人為的で特殊なものです。でも，それと心理学的には「同型」のできごとが，あなたのごく近くで起こっている。そういうことなんですね。

つまり，教室じゃ電気ショックはかけられないけれど，わるい評価や，わからない，できないっていう，それなりに嫌悪的な経験をしているわけです。そして，そんな状況を改善したり未然に回避しようとし，そのための努力をしたとしても，無効に終わることも少なくない。いろいろと行動しても，なかなか望む結果をもたらさない。そういう意味で，あの実験と心理学的に「同型」なことが，教室の日常の中に埋め込まれているというわけです。

そして，くり返しくり返しこんな経験をすると，あの実験室のイヌと同じように，生徒たちは教科の内容ではなく無力感を「学習」し，ついにはいっさい勉強しなくなります。

もっとも，それ自体はある意味で合理的で適応的な行動ではあります。最大の問題は，イヌの実験と同じく，いったんこの新たな行動パタンを学習してしまうと，行動と結果が随伴している，したがって意欲的に勉強すればできるように，わかるように，評価されるようになる場面であっても，相変わらず勉強しようとしないままでいる，ということです。

そしてそれでは，いつまでたってもできるように，わかるように，評価されるようになりません。すると，それはまた嫌悪的な経験ですから，いよいよやる気が出ない。この悪循環，無気力の無限ループに陥ってしまう。これが一番まずいことです。

たしかに，教室は先生や親が言うほどには「為せば成る」環境ではありません。でも，行動と結果の随伴性が全然ないというのでもないですね。教科や学習内容，場面によっては，十分にがんばりがいのあることもそこそこはあるはずです。

では，そんな不透明ではっきりしない状況，じつは勉強に限らず世の中の多くはそういう状況なのですが，そこにおいてなんとか意欲を維持し，がんばり続けられるようにするにはどうすればいいのでしょうか。

序章で「カギは，あなたがおかれてきた環境と，それをあなたがどう解釈してきたかにあります」と書いたの，覚えてないですよね。まあ，いいです。

でも，この章でお話ししてきたのは，おもに客観的な環境のことでしたね。客観的な環境がしんどい状況なら，せめてそれに対する解釈，つまりものの見方や考え方だけでも，もっと気が楽になるように，元気が出るようにしてはどうでしょうか。

これは気休めではありません。じつは，これで十分に意欲的に勉強に取り組めます。でも，この話は長くなるので，章をあらためてお話しすることにしましょう。

◆──自然の摂理に反する知恵の末路

この章を終わる前に，もう１つお話ししておきたいことがあります。それは，例の「為せば成る」という，ある意味で事実に合わないスローガンの連呼が，それを過剰に信じてしまった従順な生徒たちを思わぬ不幸に陥れかねないという危険性です。

行動と結果が随伴しない環境下では，いっさいの行動を起こさないほうが，ある意味でむしろ合理的で適応的だといってきました。実際，イヌはそうします。

ところが，人間はヘタに知恵がはたらいたり，道徳心とかいうのが邪魔をして，この自然の摂理に反することをしかねない。行動と結果がいっさい随伴していない環境下で，それでもなお努力し続ける律儀な人というのがいたりするのです。

「為せば成る」の連呼が，これを強力に後押しします。でも，行動と結果が随伴していない限り，いつまでたっても望む結果は得られない。かくして，しだいに努力によって成果を上げることのできない自分を責め始めます。

「自分には能力がないから，がんばってもうまくいかないんだ」。あるいは，こんなふうに考える人もあるようです。「いい成績がもらえるようにもっともっとがんばらなきゃいけないのに，それができない自分はなんてダメな奴なんだ」と。

どうですか。こうなると真面目もちょっと考えものですね。

いずれにせよ，こんなふうに考え始めた人の末路はしばしば悲劇的です。たかが学校の勉強ごときにかかわって，自分自身の価値を疑い，時にはそれを否定しさえするのですから。学業不振が原因でみずからの命さえ断つ子どもたちのいくらかは，先生を信頼し，先生の説く「為せば成る」を本気で，それもとことんまで信じてしまった，あまりに素直すぎる子どもたちかもしれません。

思えば，いくらがんばってもうまくいかない，認めてもらえないような状況下で，それでもがんばれというのは酷な話ではないでしょうか。イヌの場合，いくらがんばっても結果が変わらない場面ではいっさい行動しなくなりました。

理由は明快です。そのほうが自然で合理的，適応的なのです。根性や美徳の名のもとでやりがいのない努力を強いられ，健気にもそれを受け入れてどこまでもがんばり，ついには自分を追い詰めてしまう不自然で不合理な存在は，人間の子どもだけです。

とにかく，自分を責めてはいけません。そこからは何も生まれないのですから。もっと気を楽にもってがんばることのできる世界を求めて，それでは次の章に進むことにしましょうか。

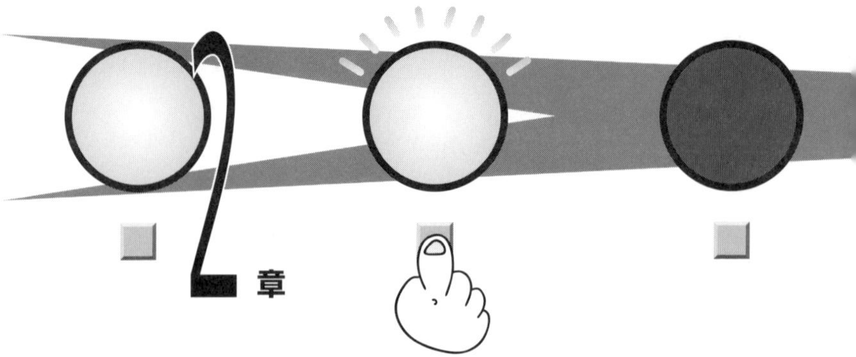

2章

認知が意欲を左右する

◆──ナンバーズのほうが当たりやすい？

　このところ，サッカーくじのトトが大はやりです。利用者の多い大都市のターミナル駅周辺の売り場など，夕方ともなれば行列ができるほどです。

　新しいくじとしては，トトに先行したナンバーズもずいぶんと話題になりましたし，今でも結構マニアがいるのだそうです。

　私の友人にも，この２つにはまっている人がいて，なぜそんなにおもしろいのか聞いたことがありました。すると，トトは競馬や競輪，競艇なんかと同じで，過去のデータや選手のコンディションに関する情報を集め，それらを総合して予測するのがおもしろいのだ，ということでした。

　まあ，これはわかります。実際，競馬なんかでも，経験を積み，事情に詳しくなるほど当たる確率が高まってくるのだそうで，その意味で努力のしがいがあるというか，行動と結果の随伴性がそこそこはあるのでしょう。いろいろと情報を集め，さんざん思い悩んだ末に大穴を当てたときの快感には，何かを成し遂げたのと似たものがあるといいます。

わからないのは，ナンバーズです。だって，自分で数字を選ぼうが，あらかじめ数字が印刷されているくじを買おうが，当たる確率は変わらないでしょう。

先の友人は数学にも強い人なので，半分ちゃかしながらこのことを指摘したら，真面目な顔で猛然と反論してきたんで，こっちが驚いてしまいました。彼の言い分はこうです。

やっぱり，自分で数字を選べたほうが当たる確率は高くなるんじゃないかなあ。いや，もちろん数学的，客観的には高くならないのはわかっているけど，心理的には高くなるような気が，これはもう明らかにするんだよな。君だって，ふつうの宝くじとナンバーズのどっちを買うかと聞かれたら，自分に選択の余地のあるナンバーズを選ぶんじゃないか。もっと言えば，ふつうの宝くじでも，売り場のおばさんにハイって渡されるのはいやだろう。なんか，自分で選んだほうがよく当たるような気がするじゃない。実際，だからこそ売り場でも連番とバラを選べるようになっていたりもする。ナンバーズは，この考え方をもっと徹底したものなんだよ。それ自体は錯覚かもしれないけど，人間は客観的な真実だけで生きてるわけじゃなくて，そんな錯覚や幻想に支えられて生きている部分もあると思うんだよなあ。

これには一理あります。実際，ランガーという心理学者は次のような実験結果を報告しています。

その実験では，くじをあらかじめ被験者（実験を受けてくれる人たち）に買ってもらい，その後「くじがもうなくなったのだが，どうしても欲しがっている人がいる。いくらなら売ってくれるか」とたずねました。すると，あらかじめくじを買うときに「このくじしかないから」と選択の余地なく買わされた人に比べ，自分で選択する余地のあった人は，売るときには 4 倍以上の値段をつけたといいます。

もちろん，客観的な当たりやすさ，つまり数学的な確率はまったく同じです。でも，先に友人が言った通り，自分でくじを選んだほうが当たりそうな気がするんですね。

これは数学的には真実ではありませんが，心理学的にはどうも真実のようです。かくいう私だって，たとえばサイコロを他の人が振るというルールですごろくをやろうと言われたら，なんかいやな気がしますものね。そして言うでしょう。「頼むから自分で振らしてくれ。そのほうがいい目が出るに違いないから」と。

◆—統制の幻想

このランガーの論文のタイトルは，その名もズバリ「イリュージョン・オブ・コントロール」つまり「統制の幻想」といいます。

宝くじやサイコロ振りのような，客観的には自分自身でなんら統制できない，行動と結果が随伴しない状況においても，人にはそれを統制できると考える傾向があるということです。それ自体はランガーのいうように錯覚であり幻想なんですが，だからといって一概に悪いというものでもありません。意欲という面からは，次のような効用もあります。

1章でみたように，勉強や学校にまつわる客観的状況は，一般に信じられているほどには「為せば成る」ものではありません。そして，これは勉強や学校に限ったことではないでしょう。

あらためてそういう目で冷静に見回してみると，世の中には行動と結果が随伴しないこと，がんばっても思い通りの結果が得られないことが，ずいぶんあるのではないでしょうか。そう，世界は不条理なものなのです。そして，セリグマンがいうように，そんな自分を取り巻く状況を正確に把握してしまうと無気力に陥り，意欲的にふるまえなくなってしまいます。

もちろん，それ自体はある意味で合理的で適応的な反応なのですが，問題もありましたね。そう，イヌの実験が示す通り，いったん無気力な行動パタンを学習してしまうと，次に行動と結果が随伴するような状況におかれても無気力なままで，行動を起こそうとしなくなってしまう。これはじつにまずいことです。

ならば，錯覚でも幻想でもいいから，ある程度は，身のまわりで起こるできごとについて自分の統制が及ぶ，自分の行動や努力が望む結果をもたらすと信じているほうがまだいい，相対的に適応的かもしれません。

もっとも，「為せば成る」のように，統制の幻想が過剰になりすぎると，今後はやりがいのない努力を強いたり，いたずらに自分を責めたりすることになり，かえって不適応的になります。要するに，何事もほどほど，中庸がいいということなんですね。

すると，意欲的で元気な人は，行動と結果の随伴性について，世界を必ずしも正確には把握していない，そこそこの錯覚，幻想の世界に生きているということになるのでしょうか。

どこか変な気がするかもしれませんが，ゴリンという心理学者とその仲間たちがこのことを実験的に検証していますので，みてみることにしましょう。

◆──正確に把握すると抑鬱的に

ゴリンたちが用いた課題は，先にお話ししたサイコロ振りです。彼らは，抑鬱(よくうつ)的な症状により入院している患者と，とくに抑鬱的な傾向が認められない人たちを被験者に，サイコロを自分が振る場合と他人（実験者）が振る場合で，いい目を出せるとどれくらい思うか，その期待の程度をたずね，比較しました。結果は図１の通りで，抑鬱的ではない被験者には，他人が振るよりも自分で振ったほうがいい目が出やすいと思う傾向のあることがわかります。やはり，統制の幻想はあるのですね。

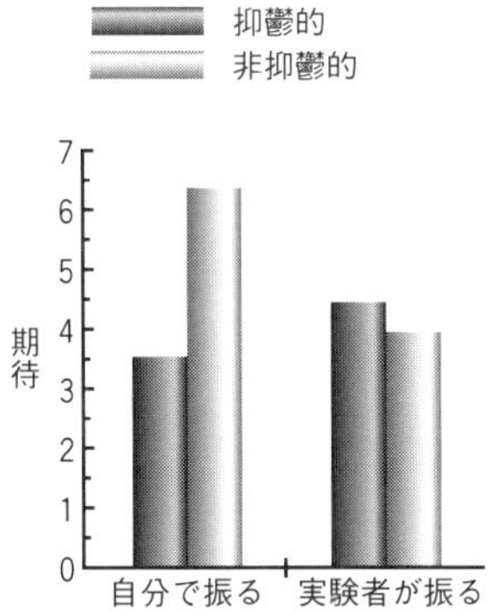

図１　いい目の出る期待★1

ところが，抑鬱的な被験者では，このような傾向は認められませんでした。つまり，抑鬱的な被験者は，自分で振ろうが他人が振ろうが，いい目の出やすさに違いはないと判断していたということですね。なんと，状況をより客観的に把握し，数学的に正しい判断を行っていたのは，抑鬱的な症状で入院している患者たちのほうだったのです。

これはじつに興味深い結果です。だって，世界をしっかりと見すえ，状況を正確に把握している人たちが，抑鬱で入院しなければならなくなっている。一方，元気でいる人たちはというと，ある程度の錯覚や幻想の中に生きているというんですから。

あるいは，まともに受けとめると抑鬱的になるほど，現代社会の客観的状況というのは過酷なのかもしれません。「現代社会は鬱の社会だ」ともいわれていますし。こうなると，何が正常で何が正常でないのか，よくわからなくなりますね。

でも，これこそまさに心理学的な世界で起こっているできごとであり，心理学的な意味での真実なんですね。先に，意欲的でいられるかどうかの「カギは，あなたがおかれてきた環境と，それをあなたがどう解釈してきたかにあります」と書いたの，今度は覚えていますよね。さすがに3回めですから。

統制の幻想は，1章でみてきたような，「あなたがおかれてきた環境」を，「あなたがどう解釈してきたか」，つまり客観的な環境そのものではなく，それがあなたの主観的な心理世界においてどのような像を生み出しているか，ということなわけです。

そして，客観的な環境と同じかそれ以上に，この解釈があなたの意欲を左右しているのです。すると，錯覚であれ幻想であれ，それで意欲的に元気に生きていけるなら，それも悪くはないんじゃないでしょうか。

何より都合がいいのは，客観的な環境そのものを大きく変えることはむずかしい。それこそ，先生にだってなかなかうまくやれないんですから。でも，それに対する解釈なら，あなた自身のものの見方や考え方，要するに気のもちようですから，工夫しだいでかなりの部分変えていけそうですよね。

お話ししてきた環境に対する解釈，そこで結ばれる主観的な心理世界における像のことを，心理学では**認知**とよんできました。

統制の幻想も，行動と結果の随伴性に関する認知なんですね。それが客観的な状況を正確には反映していないので，幻想という表現になったわけです。

以下の章では，あなたの意欲のあり方を大きく左右する，そしてあなた自身で変えることが比較的容易な認知として，原因帰属という認知を中心に話を進めていくことにします。

それぞれの話題に即して，今のあなたの認知のあり方をふり返ってみてください。そして，もし問題があるならば，より適応的なものへと，あなたの認知を変えていってほしいと思うのです。それによって，たとえ客観的な環境は変わらなくとも，今よりもっと意欲的にふるまえるようになるはずですから。

3章

原因を何に求めるか，それが問題だ

◆―原因帰属

試験の成績が良かったときや悪かったとき，デートが気まずい雰囲気で終わったとき，無名の初出場校が甲子園でいきなり決勝戦までコマを進めたときなど，さまざまなできごとに対し，私たちは自然とその原因を求める「なぜ」の問いを発します。これが**原因帰属**です。

心理学が原因帰属に注目するのは，何をできごとの原因と認知するかによって，そこで感じる感情やその後のできごとに対する期待，さらには実際の行動のとり方などが大きく変わってくるからです。

たとえば，あこがれの人との初デートが気まずい雰囲気で終わったとしましょう。

その原因を「自分には魅力がないからだ」と考えてしまうと，自分の魅力のなさはそう簡単に変えようがないでしょうから，次回のデートでも状況は変わらない。そうなると，次回はうまくいくと期待するのは，やはりむずかしいということになります。

それに，どうすれば魅力的になれるかがはっきりしませんから，行動の起こしようがない。このままではうまくいかないことがわかっていながら，対処のしようがないわけです。これはつらいですね。

また，魅力がないということですから，感情的にも自己卑下やあきらめといった，抑鬱的な気分が支配的になるでしょう。

かくしてすっかり落ち込んでしまい，「もう会いたくない」とばかりに，せっかくの次回のデートの約束を自分から断ってしまうかもしれません。

ところが，もし原因を「予定していたレストランがいっぱいで，代わりに入ったお店がイマイチだったから」と考えたらどうでしょう。

めざすレストランに行けさえすれば障害は取り除け

るのですから，次回のデートへの期待は一向に下がりませんね。むしろ，具体的にどう対処すればいいかが明確ですから，かえってはりきって準備するかもしれません。

感情的にも，お店がイマイチなのは自分の責任ではありませんから，悲しいとか残念には思うでしょうが，そう落ち込むこともないし，卑下することもないでしょう。

かくして，次回のデートに向かって気合いたっぷりということになります。

このように，同じ失敗を経験しても原因をどう認知するかによって，感じる感情や次回への期待，さらにはそれらを経由して，行動を起こす意欲がどのくらいのダメージを受けるか，あるいはどのような種類の行動をとるかまでも，大きく変わってくるのです。

もう１つ，勉強のことを考えてみましょう。そして，今度はうまくいった場合です。

試験で良い成績が返ってきたとき，その原因を「自分の努力」に帰属した人は，十分な努力さえすれば次回も良い成績を得られると期待できますから，今後に向けてさらに意欲的になれますね。

誇らしいという気持ちや「やればできるんだ」という自信もわいてきて，感情的にもはずみがつくでしょう。

行動的に何をするかという点でも，今回の努力の具体内容，つまり試験準備のやり方や勉強への取り組み方が良い結果をもたらしたわけですから，それをくり返せばいい。スムーズに試験勉強に取りかかれるというものです。

ところが，同じ良い成績をもらっても「たまたま運良くヤマが当たったから」と考えてしまうと，運はその時しだいですから，次回も同じ結果がくり返される可能性は高くない。せっかくの今回の良い成績が，次回以降の好結果を期待させるものではないということになってしまいます。

また，良い結果なのだからうれしいのは確かでしょうが，自分の手柄ではないので，誇らしいとか，自信といった感情にはつながりません。それどころか，「運の良さなんかで成功を得るなんて」と，うしろめたさやばつの悪さを感じるかもしれませんね。

同じ理由で，今回，試験に向けて進めた勉強の仕方や取り組み方が良いという保証にもなりません。

結局のところ，今回の良い成績が，意欲を格段に高めるといったことにはつながらない。じつにもったいないことになってしまいます。

このように，成功場面においても，原因をどう認知するかによって，感じる感情や次回への期待，さらにはそれらを経由して，次回に向けての行動への意欲がどのくらい高まるかや，実際のふるまい方に，大きな影響を与えるのです。

お話ししてきたことを図式化すると，次のようになります。そして，このことをちょっとむずかしい言葉でいうと，客観的な結果に対する主観的な原因の認知が，期待と感情を経由して先ざきの行動への意欲や実際の行動選択を左右する。これが，意欲に関する原因帰属理論の考え方です。

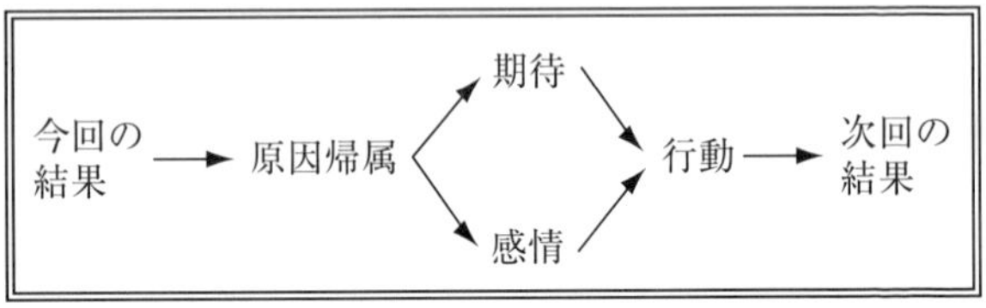

◆―もういやな思いはしたくない

先に，さまざまなできごとに対し，私たちは自然とその原因を求める「なぜ」の問いを発する，と書きましたが，経験するすべてのできごとに対し，いちいち原因帰属をしているわけでもないですよね。それでは，どんなときに人は原因帰属をするのでしょう。

１つは，ネガティブなできごとを経験した場合です。デートが気まずい雰囲気（ふんいき）で終わったとか，入学試験が不合格だった場合がこれにあたります。

そんなネガティブなできごとはこれ以上起こってほしくありません。次のデートは楽しく過ごしたい。来年こそは合格したいですものね。

では，どうすれば事態を好転できるか。適切な対処の方法がわかれば，今後に向けてやっていきたい。そのためには，できごとを引き起こした原因について考える必要があるのです。

理由はほかにもあります。ネガティブなできごとはそれだけで心理的なダメージをもたらしますが，魅力のなさや能力不足など，本人にとって内的な原因に帰属するとダメージはいっそう大きくなります。一方，レストランがイマイチだったとか，運の悪さのような本人と関係ない外的な原因のせいだと考えると，ダメージはかなりやわらぎます。

そこで，人は原因を外的要因に帰属することで，心理的なダメージから自分を防衛しようとするのです。実際，多くの研究によって，ポジティブなできごとに比べ，ネガティブなできごとの場合に，外的に帰属しやすいことが知られています。

これは明らかにバイアス，つまりゆがみです。この事実もまた，人は世界を正確に把握していないことを示唆しています。でも，それによって心理的なダメージを最小限にし，意欲を保てるんですね。統制の幻想と同様，正確ではないかもしれませんが，適応的ではあるわけです。

では，デートがうまくいったとか，入試に合格したといったポジティブなできごとの場合はどうでしょうか。ネガティブなできごとに比べれば，原因帰属をする割合は少なくなります。だって，良いことはいくら起こっても困らない。要するに結果オーライ，それ以上何も考える必要なしというわけです。

脳天気な感じもしますが，ヘタに原因を考えたあげく，運が良かったにすぎないなどという結論に達すると，せっかくのポジティブなできごとではずみをつけることができない。これは，適応的ではありません。良い結果に対してあれこれ原因をさぐることは，「ヘタな考え休むに似たり」どころか，「やぶ蛇」になるかもしれないのです。

◆─何が起きるか正確に予測したい

ところが，できごとのポジティブ，ネガティブにかかわらず，原因帰属を行いやすい場合があります。それは，結果が予想外であった場合です。無名の初出場校が甲子園でいきなり決勝戦までコマを進めたときや，記念受験のつもりで受けた難関校に合格できたときなどが，これにあたります。とてもポジティブなできごと，それこそ快挙なのですが，そんなときにも人は「なぜ」の問いを発します。

なんのために原因帰属をするのでしょう。ネガティブな場合には，対処方法を探る，ダメージから自身を防衛するなどのはたらきがありました。できごとが予想外である場合になされる原因帰属には，どんなはたらきがあるのでしょう。

私たちは，身のまわりで起きていることを理解したい。さらに，いつどんなことが起きるかを，できるだけ正確に予測したいと思っています。

すると，たとえポジティブなできごとであっても，それが予想外のできごとであったなら，やはり人はその原因を知りたくなりますね。この気持ちが原因帰属を導きます。原因帰属の結果，十分に納得のできる原因を見出せたなら，今後はそういう原因がある場合には同様のことが起きると予測できます。それによって，自分が理解でき，予測できることがまた１つ増えたことになるわけです。

先の例でいえば，無名の初出場校ではあったが，調べてみるとここ数年，中学時代に活躍した選手を大量に集めていたことがわかったとしましょう。「なるほど」と納得でき，良い成績も理解できますね。

またこれからは，良い選手をうまく集めたチームはたとえ新参でも強いことがあるという知識を予測に用いることで，以前よりもいっそう正確な予測ができるようになるでしょう。すると，今後は同じようなできごとが起きても，予想外ではなくなるわけです。

このように，予想外のできごとが起きたとき，私たちは原因帰属によって「こんな場合にはこんなことが起きる」という因果関係に関するあらたな知識を得，さらに今後の予測に用いることで，予想外のことを減らしているのです。それにより，世界をより一貫したものとして理解し，そこで起きることをより正確に予測できるようになっていくのですね。

ではなぜ，理解し予測したいのでしょう。これは，ネガティブな場合を考えればよくわかります。同じネガティブなできごとでも，予測できるより，予測できない場合のほうが，不安だし，脅威でしょう。

たとえば，台風も地震も災害をもたらしかねない自然現象ですが，台風はいつどんなようすで自分の町にやってくるか，かなり正確に予測できます。これに対し，地震はいつどんなようすで起きるか，なかなか予測できません。

どちらもこわいですが，より不気味，より強い不安を感じさせるのは地震ではないでしょうか。また，だからこそ正確な地震予知ができたらいいのにと多くの人が思っているし，税金も含めた膨大な研究費が投じられることを世論は容認してきたのです。

2001年の秋にアメリカで発生した同時多発テロが世界中を震撼（しんかん）させたのは，それが途方もなくネガティブであると同時に，だれも予測だにしなかったできごと，それどころか起きた後ですら理解することが困難なできごとだったからではないでしょうか。また，だからこそ人々は強力に，しかも長期にわたって「なぜ」の問いを発し続けたのです。

以上みてきたように，ネガティブなできごとを経験した場合や，たとえポジティブであってもそれが予想外のできごとであった場合に，私たちは原因帰属を行います。

原因帰属をすることによって，なぜそんなできごとが起きたのかを理解し，同様のできごとが今後も起きるか，起きるとすればいつどんな場合に起きるかをより正確に予測できるようになります。また，ネガティブなできごとであれば，それが起きないように，また起きた場合にどうすればいいか，その対処の方法がわかります。さらに，外的な帰属を行うことで，心理的なダメージから自分を防衛することができます。

理解，予測，対処，防衛，この４つが原因帰属のはたらきであり，それを求める必要があるのが，ネガティブなできごとや予想外のできごとが起きたときと考えてもいいでしょう。

◆─帰属先の分類と原因次元

原因帰属というのはあくまでも各個人の主観的な解釈，認知の問題ですから，１つのできごとに対しても，じつに多様な原因が帰属先の候補としてあがってきます。受験やスポーツの試合，音楽のコンテストなど，何かを成し遂げようと挑戦する場面を**達成場面**といいますが，その達成場面に限っても，すでに登場した努力や運をはじめ，ずいぶんといろんな原因が考えられます。

まず，自分自身にかかわるものとしては，努力以外に能力が当然かかわってくるでしょう。気分や体調といった要因も，とくに試合やコンテストでは結果を大きく左右します。

まわりの人々の動向も，あなたにどんなできごとが起こるかにさまざまな影響を与えていますね。まずは先生やコーチの教え方，熱心さがあります。それから，家族の協力，友だちの助けや応援なんかも，場合によってはできごとの成否を決定づけるでしょう。

あと，忘れてはいけないのが課題のむずかしさ，やさしさです。仮に悪い成績であっても，クラスのみんなも同様にできていないのであれば，努力や能力というより，課題がむずかしかったからと考えるほうが的を射ているでしょう。スポーツの試合では，これに相当するのは対戦相手，競争相手の能力ということになるでしょうか。

典型的な帰属先を考えてきましたが，まだまだいくらでも考えられます。これではきりがない。では，どうすればいいでしょうか。

原因帰属に限らず，こういった場合に心理学がとる１つの常套(じょうとう)手段は，すべての要素を手際よく分類，整理できる視点の導入です。

すでにみてきたように，努力や能力や気分・体調などは，あなた自身にかかわる帰属先，いわば内的な原因です。これに対し，先生や家族や友人のような他者，運や課題の困難度などは，あなたの外側に位置している。つまり外的な原因です。この要領で，すべての帰属先を内的か外的かで分類してしまうのです。

「分類してどうなるのか」って？　もちろん，ただ分類したってしかたありません。それによって，心理学的に意味のあることがみえてくるから，分類するわけです。

仮に同じ良い成績をとったとして，内的な原因に帰属したほうが，たとえば誇らしいという感情を強く感じはしないでしょうか。もちろん，気分や体調によると考える場合には，そうでもないかもしれません。しかしそれでも，他人のおかげだとか運が良かった，課題がやさしかったと考えるよりは，気分がいいでしょう。

どうですか。内的か外的かという帰属先の特質は，感情の感じ方を大きく左右しそうではありませんか。

さて，同じような要領で，さらに原因を分類していきましょう。導入する視点の条件は，どんな帰属先についても考えられる分類方法で，心理学的に何か意味のあることがみえてくるようなものということです。

「だったら，期待を左右するものを考えたらいいんじゃない。だって，感情と期待が意欲を決定するんでしょ」

そうそう。だいぶ理解が進んできましたね。感情と並んで意欲を左右する期待。それを決定づけるのは，帰属先のどんな特質でしょうか。

先の例にもどって考えてみましょう。デートが気まずい雰囲気で終わったことを「自分の魅力」に帰属すると期待が低下し，「レストラン」に帰属すると期待は低下しませんでした。

これらは内的か外的かでも違っていますが，同じ内的原因でも努力に帰属すれば，次回はがんばればいいわけですから期待は低下しませんね。また，「デート相手が無口だから」と考えれば，当然，次回もうまくいかないと考えざるを得ません。デート相手という原因は外的ですが，レストランの場合と違って期待は低下するんですね。

期待の高低に影響しているのは，内的か外的かという特質ではなさそうです。では，何が違うのでしょう。自分の魅力とデート相手，努力とレストランにそれぞれ共通する特質。それは，前者２つが時間的に安定的な特質をもつのに対し，後者２つはその時どきによって変わり得る，いわば不安定な特質をもつということなのです。

期待とは,次回どんなことが起こると考えるかです。今回のできごとを引き起こした原因が時間的に安定した，変わりにくい特質をもつとすれば，次回においても状況は変わらない。すると，今回と同じようなことが起きやすいということになります。

このように，安定した原因への帰属は，次回への期待を今回のできごとと同じ方向,つまり成功なら上昇，失敗なら低下へと大きく変化させます。一方，不安定な原因に帰属した場合には，次回の結果が今回と同じになる保証はない。したがって，今回の成功や失敗によって，次回への期待はあまり影響を受けないと考えられるわけです。

では，安定か不安定かで帰属先を分類してみましょう。能力，先生の教え方，課題の困難度などは安定ですね。努力，気分や体調，運は不安定に分類できるでしょう。

さて，これで内的か外的か，安定か不安定かという２つの視点によって,あらゆる帰属先を手際よく分類，整理することができるようになりました。

ところで，この視点，正式な名前を**原因次元**といいますので，これからはそうよぶことにしましょう。さらに，内的か外的かというのは，帰属先がある位置の問題ですから，これを**原因の位置次元**とよびます。安定か不安定かはそのまんま，**安定性次元**でいいですね。

勉強にかかわる典型的な帰属先をこの2次元で分類すると，表1のようになります。どうです。スッキリしたでしょう。

表1　原因の位置と安定性の2次元による帰属先の分類

	原因の位置	
安定性	内的	外的
安　定	能力	課題の困難度 先生の教え方
不安定	努力 気分・体調	運

もちろん，スッキリしただけではありません。原因の位置次元は感情を，安定性次元は期待を左右する。以上のことから，先の図を以下のように書き直すことができます。これで，原因帰属さえわかれば，その人の期待や感情，さらにはそれらを経由して行動への意欲や実際のふるまい方が予測できるようになりました。

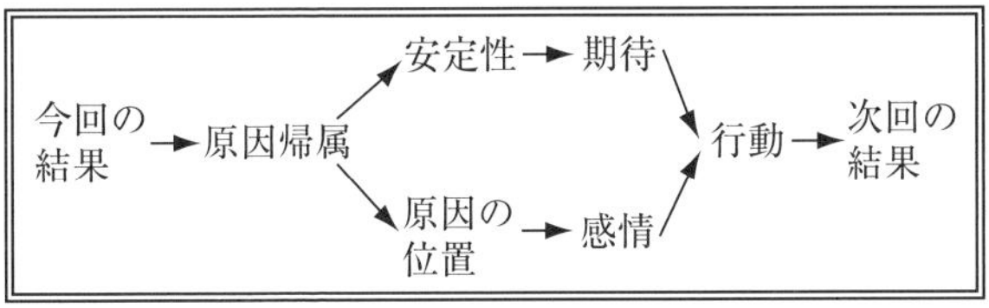

どうですか。これは，ワイナーが考え出した意欲に関する原因帰属理論の基本的な枠組みです。シンプルにして巧妙，しかもじつにさまざまな人間の心理を理解，予測できそうですね。セリグマンの学習性無力感理論に勝るとも劣らぬ，優れた理論構成といえるでし

ょう。もし，これを美しいと感じるならば，あなたは心理学に向いています。

◆—大理論も素朴な疑問から

さて，この図式を使って，あなたの身近な人のことなんか考えてもおもしろいですね。「そうか。だからあいつはいつも落ち込んでばかりいるんだな」。そんなこと考えてニヤニヤしたりしてます？　それもいいですけど，あなた自身のことも考えてくださいね。そして，少しでも適応的な認知ができるようになりましょう。とくに「わかっちゃいるけどやり出せない」という人はね。

おっと，ここで反論があるかもしれません。「そういうから今具体的に自分のこと考えてみたんだけど，ひとくちに努力っていっても，ふだんからの努力と試験直前のスパート，毎日の練習への取り組みの熱心さと試合当日のがんばりといった具合に，安定な努力と不安定というか一時的な努力があるんじゃないかなあ」と。

なるほど。たしかにそうですね。ならば，努力を2つに分ければいい。でも困りましたね。だって，努力というのは内的ですから，安定な努力というのは能力と同じところに分類されてしまう。でも，どう考えてもふだんからの努力と能力は別ものでしょう。これは困りました。

ここで，追い打ちをかける反論が出るかもしれません。「別ものっていうんなら，努力と気分・体調ってのはずいぶん違うように思うんですが，いっしょにしちゃっていいんですか」と。

これも困りました。やっぱり2次元じゃ無理かなあ。えーい。ならば3つめを考えましょうか。条件は，ふだんからの努力と能力，一時的な努力と気分・体調を分けられるような，しかも心理学的な現象の理解，予測になんらかの貢献ができるということです。

じつは，このような批判が実際にもあって，最初の理論化からほぼ10年後，ワイナーはやむなく第3の次元を追加しました。

心理学は学問だし，心理学者も学者だから，「ふつうの人ではなかなか理解できない，むずかしいことをやってるんだろう」って思ってる人が多いようですが，案外，素朴で常識的な着眼や指摘で理論が修正されていく，つまり学問が動いているんですね。私たち心理学者も，そんなことを考えたり議論するのが仕事なわけで，その意味ではとっつきやすい学問かもしれません。

まあ，所詮（しょせん）は人間のやってることに理屈をつけてるわけですから，人間であるあなたが皆目理解できないことなんてやっていないと，とりあえず考えてもらうといいかもしれません。むずかしく聞こえるとすれば，むずかしく言っているだけだと。これ，心理学に限らず，よくあることです。

さて，第3の次元ですが，ワイナーは**統制可能性次**

元というのを考え出しました。努力は意図的にコントロール可能だけれど，能力や気分・体調はコントロール不可能だというわけです。

さて，さっそく統制可能性次元を加えた3次元で先の表1を書き直してみましょう。表2のようになりました。

表2　原因の位置，安定性，統制可能性の3次元による帰属先の分類

	統制可能		統制不可能	
	安定	不安定	安定	不安定
内的	ふだんの努力	一時的な努力	能力	気分・体調
外的	先生の熱心さ	家族や友だちの一時的な助け	先生の教え方 課題の困難度	運

これでさらにスッキリしましたね。ちょっとむずかしいかな？　それとも「まだスッキリしない」って？

「先生の教え方と課題の困難度もちょっと違うのでは……」

なるほど。でもね，さすがにもうきりがないでしょう。なぜって，原因次元という考え方を導入したのは，帰属先をバラバラとあげ出すときりがない。なんとか整理して単純化しよう。さらに，原因次元上の位置づけでもって，原因帰属の期待や感情への影響の仕方をシステマティックに理解，予測できるようにしよう，ということでしたから。

それをまた，どんどん次元を増やしたのでは，意味がありません。多少のあいまいさは残っても，適当な

ところで切り上げたほうがいい。

たしかに，原因次元のような概念を増やせば，それだけ幅広い現象を，いっそう緻密に説明できます。網の目を小さくするようなものですから，それだけこぼすものも少なくなる。

でも，その分，複雑になりますね。すると，理論の中心的なアイデアがどこにあるのか，よくわからなくなります。理論で大事なのは「こういうふうに考えると，世界がこんなにみえるよ」っていうアイデアの斬新さともっともらしさなんですね。

もっとも，だからといって網の目が粗すぎては，大事な現象を十分に説明できない。それでは理論とはいえません。

かくして，適度な網の目となるよう，いい切り上げどころを見つけるのが，理論構成という作業のポイントになってくるわけです。

まあ，3つくらいにしときましょう。もちろん，ちゃんと理由はありますよ。

まず，これでほとんどの帰属先をうまく分類，整理できます。

また，原因の位置は感情，安定性は期待といった具合に，各次元が心理学的な理解や予測に役立ちます。統制可能性次元がどんな意味をもつかについては，後でお話ししますね。

それと，なんといっても，紙の上に書き表すことができるのは，せいぜい3次元まででしょう。内的，外的といった具合に１つの次元につき２つの水準で表現したとして，３次元で２×２×２の８個の部屋ができます。まあ，これがぱっと理解できる限界ですね。もう１つ増やして４次元にすると部屋の数が16。ちょっと多すぎますよね。

「そんなことが影響するのか」って？　いや，これは大事ですよ。だって，理論ていうのは理論家個人による世界観の個性的表現ですから。表現として優れていることは，とても重要です。だって，理解されないと使われない。その理論に基づいた議論や実証研究がなされませんからね。先に，ワイナーの理論は美しいという言い方をしましたけど，学問，とくに理論構成においては意外に大事なことのように思います。

さて，話を統制可能性次元にもどしましょう。統制可能性次元は，どんな心理現象の理解，予測を助けるのでしょうか。

統制可能性次元は，他者からの評価を左右すると考えられます。同じ試験の成績が悪かったとしても，気分や体調が悪かったのだとしたら，先生は叱ったりしませんね。むしろ，同情するでしょう。でも，前の日も遊んでばかりで勉強しなかったためにできが悪いのだとしたら，叱られるかもしれません。自業自得だというわけですね。このように，同じ内的で不安定な原因であっても，統制可能かどうかによって，他者の評価は大きく変わってくるのです。

意欲にとって，他者の評価は重要です。まず，素朴にほめられると元気が出ますね。それに，まわりの人に自分がどう見られているかって，結構気になるでしょう。受け入れられていることがわかると，「これでいいんだ」っていう自信にもなるし，意欲もわいてくる。もっと実際的に，いざというとき，協力してくれるか，必要な手助けをしてくれるかということも，何かを成し遂げようとする際には重要ですね。

さて，ようやくこれで，原因帰属によって意欲にまつわる現象を解明できる道具が全部そろいました。でも，ちょっと長くなったので再び章をあらためて，原因帰属との関係を手がかりに，意欲のメカニズムや意欲にまつわるさまざまな現象について，さらに詳しくみていくことにしましょう。

4章

期待が開くあなたの未来

◆—安定性次元と主観的成功確率

能力や課題の困難度のような，安定な特質をもつ原因に帰属すると，次回への期待が今回の結果の方向に変化，つまり成功ならば期待は上昇，失敗ならば低下する。これが，原因帰属と期待との間に予測される関係でした。では，本当にそういうことは起こるのでしょうか。

心理学者のメイヤーは，男子高校生に，星印なら３，三角なら８といった具合に，記号と数の対応の決まりに従って，プリントの記号の列の下にどんどん数を書いていくという課題に取り組んでもらいました。そして，ちょっとかわいそうなのですが，これだけできれば成功という基準を高く設定することで，５回連続して失敗するように仕組んだのです。

課題が終わるたびに，生徒たちは２つのことをたずねられます。１つは，自分の失敗に，能力，努力，課

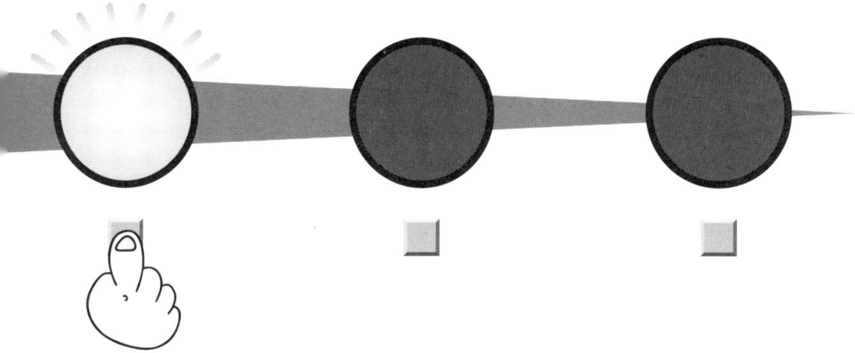

題の困難度，運の４つの原因がそれぞれどのくらい影響していると思うかということ。もう１つは，次の課題における期待で，主観的な成功確率が何パーセントかで聞きます。

安定な原因である能力と課題の困難度への帰属の高低で生徒たちを２群に分け，それぞれの群の主観的成功確率をグラフにしたところ，図２のようになりました。ここから何がわかるでしょう。

安定な原因への帰属が高い群では，グラフははっきりと右下がりになっていることがわかりますね。これは，回を経るにつれて，期待がどんどん低下していったことを示しています。まあ，失敗をくり返すわけですから，期待は低下して当然かもしれま

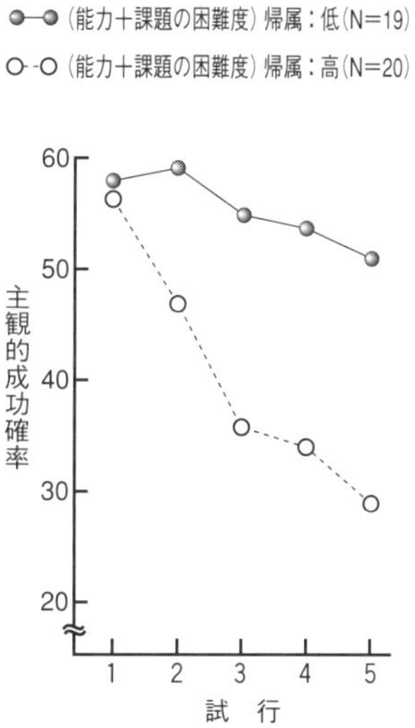

図２　安定的要因に帰属される程度（高，低）によって、くり返しの失敗が与えられた場合に主観的成功確率がどうなるか★2

せん。

ところが，安定な原因への帰属が低い群，逆に言えば努力や運といった不安定な原因に帰属した生徒たちは，連続５回もの失敗を経験した後でも，期待の低下はわずか数パーセントにとどまっていました。客観的には同じ連続失敗を経験しても，それを安定な原因に帰属するか，不安定な原因に帰属するかで，次回の成功への期待は大きく変わってくるのです。

まずは，めでたしめでたしです。あなたの原因帰属をどうすればいいのか，１つはっきりしました。なんでもいいからポジティブなできごとは安定な原因に，ネガティブなできごとは不安定な原因に帰属すればよろしい。期待に関する限り，こういうことになります。

えっ。またまた反論ですか。なになに。「前の章でも話題になった能力とふだんの努力だけど，両方とも内的で安定な帰属先ですよね。失敗を能力不足に帰属すると，期待が低下するのはわかります。でも，ふだんの努力不足に帰属したなら，次回の試験まで，毎日コツコツと努力すればいいんじゃないですか。学校の中間試験と期末試験でも１か月以上の間があるし，入試ともなれば次回は１年先でしょう。その間コツコツと努力し続けることで状況は違ってくるから，今回と同じように失敗する可能性は必ずしも高くはない。こう考えると，ふだんからの努力に帰属すれば，能力帰属の場合のように期待が低下することはないんじゃないですか」

なるほど。でもね。これは期待という言葉がさし示す中身が微妙に違っているんですよ。ちょっと理屈っぽい話になりますけど，がんばってついてきてくださいね。

◆—自力と他力

学習性無力感のところでみてきた行動と結果の随伴性も，じつは期待の一種です。「がんばれば望む結果が得られるか」という期待ですからね。わかりやすいように名前をつけておきましょう。行動と結果の随伴性を問題にするので，**随伴性期待**としておきましょうか。

これに対し，ワイナーの理論でいう期待とは，メイヤーの実験でもそうだったように，次回における主観的成功確率です。そこでは，本人ががんばるかどうかは，とくに前提条件になっていません。ただ単に「望む結果が得られるか」を問題にしている。

したがって，それこそ他力本願でもいいわけです。たとえば，どういうわけか先生がひいきにしてくれて，良い成績がもらえたとしましょう。あってはならないことなので仮にということで考えてほしいのですが，すると先生が変わらない限り，期待は高いですね。自分が努力をしてもしなくても，良い成績がもらえる。主観的成功確率を問題にするワイナーは，それでも期待は高いとするわけです。

同じ状況をセリグマンなら，随伴性期待という意味では低いと見なすでしょう。なぜって，結果は万事先生しだいで，自分ががんばるかどうかはあんまり関係ないんですから。良い成績がもらえるんだから不満はないでしょうが，行動と結果が随伴しない，「自分ではどうすることもできない」という意味では helpless だというわけです。また，そういう意味で，例示したような他力本願な成功を，**非随伴成功**といったりもします。

自力での成就だけを問題にするセリグマン流の期待と，自力でも他力でも，とにかくことが成就しさえすればよしとするワイナー流の期待。このように同じ期待といっても，両者は微妙に異なるわけです。

「そんな理屈言ったところでしかたがないでしょう。いったいどんな意味があるの」って？　もちろん，それなりに意味はありますよ。

たとえば，ボートで川を渡ろうとしている人に，オールが折れたとか流されたといったアクシデントが起き，自分ではどうしようもなくなったとしましょう。これは，その場面で取り得るすべての行動と結果が随伴しない，文字通り無力感的な状況ですね。

ところが，もしそのとき強い風が吹いていれば，風がボートを岸まで渡してくれるかもしれません。すると，自分ではどうすることもできなくとも，その人は希望をもち続けることができます。随伴性期待は低いのですが，主観的成功確率はけっして低くはない，というわけです。

ワイナーはこの状態を，無力感的ではあるが絶望感的ではない，と説明します。先に述べたように，無力感，helplessness とは「自分ではどうすることもできない」状態ですが，それはまだ，まったく希望（hope）がないという状態，hopelessness ではない，というのです。

そして，ネガティブなできごとを安定な原因に帰属することによって主観的成功確率が決定的に低くなったとき，人は絶望感に陥ると考えるんですね。どうですか。無力感状態と絶望感状態。微妙に心持ちが違ってきますよね。

知り合いの医者から聞いたのですが，ガン患者などが，「どうせもう自分はダメなんだ」と思い込むことにより，医師が診断し予測したよりも早く死期を迎えるということがあるそうです。この現象もまた学習性無力感で説明がつきそうですが，仮に自分ではどうすることもできなくとも，医師の努力や薬の効果，さらには愛する人の支えなどの他力によってなんとか治ると強く信じれば（期待すれば），患者は希望をもち続けることができます。このように現実の場面を考えたとき，この違いは大きいのではないでしょうか。

「じゃあ，主観的成功確率だけでいいんじゃないの」って？　いや，それがそうでもない。自力での成就をあきらめて，他力での成就にかけたとき，その人は行動を起こさないですよね。つまり，主観的成功確率では，その人の行動への意欲を，正確に予測できないのです。行動への意欲を予測するには，行動と結果の随伴性を問題にするセリグマン流の期待概念が役に立つのです。

というわけで，2つの期待概念ともに必要というか，目的によってじょうずに使い分けることで人間の心理や行動をより深く理解したり予測できるわけです。

◆—たいへんそうで，とてもできそうにない

「主観的成功確率と随伴性期待の違い，それぞれの意味はわかりました。でも，先の疑問は解消してないですよ。失敗を安定な原因であるふだんの努力に帰属しても，次回まで毎日コツコツと努力すれば状況は今回とは変わるんだから，主観的な成功確率という意味でも期待は下がらないでしょう。もちろん，自力でことを成就しようというんだから，随伴性期待も高いしね。やっぱり，能力みたいに期待が下がりはしないんじゃないかな」

そうでした。能力とふだんの努力の違いでしたね。このことを考えるには，さらにもう1つ別な期待概念を考える必要があります。「まだあるの」って驚かないで，あと少しですからついてきてくださいね。

随伴性期待が高いというのは，「がんばれば望む結果が得られる」と思えるということでした。でも，これはじつはきびしいことです。だって，「がんばらないと望む結果は得られない」ということもまた，意味しているわけですから。もし，それでもがんばれない

となると，随伴性期待が低い場合よりももっとつらいですよね。

「どうして。がんばればいいでしょ。そうすれば万事うまくいく。なのにやれないなんて，甘ったれだよ。根性決めて意欲を出せばいい。ここはイッパツ気合いでがんばれって言いたいね」

あれ，それでいいんですか。それがなかなかできないから，それこそ「わかっちゃいるけどやり出せない」から，ずっと意欲の心理学について考えてきたんですよ。それにさっきのセリフ。親や先生のおきまりのパタンじゃないですか。それをあなたが言ったんじゃふり出しにもどっちゃいますよ。

さて，ではどんな場合に，随伴性期待が高いのにがんばれないんでしょうか。ネズミの実験で考えてみましょう。

例によって電気ショックをかけます。第1群のネズミは，何をしても電気ショックを自力で止めることができません。第2群のネズミは，頭の前にあるパネルを1回押すことで電気ショックを止めることができます。ここまでは，学習性無力感の実験と同じですね。

この実験ではさらに第3群があり，第2群と同じくパネル押しで電気ショックを止めることができます。ただし，必要なパネル押しの回数は8回です。ずいぶんと多いですね。

それぞれの経験がどれくらいのストレスを生み，心理的ダメージを与えたかを比較するために，ネズミを解剖し，胃にできた潰瘍（かいよう）の大きさが調べられました。その結果，第１群のネズミにはかなりの損傷が認められ，第２群のネズミにはほとんど損傷がありませんでした。

同じ電気ショックを受けても，行動と結果が随伴していればダメージは少なく，随伴していなければダメージは大きい。これは，１章のイヌの実験と同様の結果ですね。

ところが，第１群以上に損傷が激しかったのが，第３群のネズミだったのです。行動と結果が随伴している第３群のほうが，随伴していない第１群よりもダメージが大きい。この結果は，セリグマンの学習性無力感理論の予測に反しますね。行動と結果の随伴性だけでは説明できない。いったいどう考えればいいのでしょう。

この現象を説明するには，**行動コスト**という考え方が役に立ちます。コストとは，文字通り支払い価格ですね。買い物をするとき，買い手はその商品の価値を見積り，支払いがそれに見合うかどうかを判断します。見合うと感じれば，代金を支払って商品を手に入れるし，見合わないと判断すれば売買は成立せず，代金は支払われない。あなただって，買い物のときにはそうしているはずです。

心理的な営みにおいても，同様の判断はなされています。ある行動をとれば，身体的にエネルギーを消費し，心理的にも消耗します。すると，行動の結果として得られるだろう価値の高さに照らして，支払うことになる労力や心的負担が大きすぎ，見合わないと感じたときには行動しないんじゃないでしょうか。

もちろん，人間の場合，価値の見積りにはさまざまな個人的，社会的要因がからむので，そう単純にはいかない。他人からすればがらくたみたいなものが，ある人にとってはお宝になったりしますものね。

でも，少なくとも得られる価値に比して支払う行動コストが断然高い場合には，行動はさし控えられるでしょう。たしかに行動すれば望む結果は得られるかもしれない。でも，行動コストが法外に高いと，「そんなにまでする気はない」「たいへんそうで，とてもできそうにない」。こういったことって，あるのではないでしょうか。

もちろん，価値とコストとの関係は，あくまでも相対的なものです。「火事場の馬鹿力」という言葉があるように，命がけともなれば，きわめて価値が高いので，いかに行動コストが高くても行動は遂行されるでしょう。逆に，どうでもいいようなことであれば，それがいかに簡単に成し遂げられようとも，人は取り組みません。

第３群のネズミは，「火事場の馬鹿力」をひっきりなしに要求されているようなものなんですね。たしかに，行動と結果は随伴しているんですが，そのたびにたいへんなコストを支払わされる。「こんなことなら，行動と結果が随伴していないほうがましだ」。ネズミはそう思っているかもしれません。

それほどストレスフルな状況なんでしょうし，それが潰瘍の大きさとなって表れている。そもそも「火事場」は１回きりだから「馬鹿力」も出るのであって，日常的に「火事場」に放り込まれると，「もういいや」ということになり，すべての努力は放棄されるのではないでしょうか。

行動コストが高すぎる場合，ネズミでさえも意欲を失います。人間の子どもが，生き死にのかかっていない勉強ごときに意欲を失うのは，思えば当然のことかもしれません。

◆─高校受験必勝法

話を勉強への意欲にもどしましょう。まずは，もう25年も前の私の体験談を聞いてください。

忘れもしない１学期の終業式の日，進路指導の先生が３年生を集めてこんなことを言いました。

「高校受験なんておそれることはない。オレが保障してもいい。夏休みに１日10時間勉強してみろ。そうすれば，どこでも希望する高校に合格できる」

先生はみんなを意欲づけようとしたのでしょう。気持ちはわかります。でも，これを聞いて「そうか。じゃあがんばろう」なんて思う生徒はいません。それが証拠に，10時間勉強した奴なんか１人もいませんでした。

いや，昔はいなかったんですが，今や高校受験はおろか中学受験ですら，これを真に受け，しかも実行する子どもがいるから始末が悪い。おまけに，いっしょになって家族をあげて応援したりするのがいるから，意欲をめぐる状況は，いよいよきびしい方向に進んでいるように思います。

まあ，いいです。勝手にしなさい。ここでおさえるべきことは，正常な神経と健全な家庭環境にあれば，こんなことを言われてやる気になったりはしないということでしょう。

いや，かえってやる気をなくします。だって，随伴性期待が高い，つまり「がんばれば望む結果が得られる」といわれても，肝心の「がんばれば」の条件が自分にはきびしすぎる，行動コストが高すぎるんですね。「がんばれば」の条件をクリアできない自分は，それと随伴した「望む結果」を得られない。そのことをかえって思い知らされるだけですから。

しかも，だれもクリアできないのならしょうがない。ところが，クリアできる人もいるんですね。もしかすると，条件をクリアできないのは自分だけかもしれない。そう思うと，いてもたってもいられません。なんともみじめですし，じつに情けない。「自分はなんてダメな奴なんだろう」。こうなると，もう勉強どころではありません。

だから，常識的に考えて行動コストが高いと思われるときには，仮に行動と結果が随伴していても，それをいとも簡単なことのように言い放ってはいけないのです。そこで要求される「がんばれば」の中身が，ふつうの人間が実際に実行できる程度のものか，それを吟味したうえで語られるべきでしょう。

さらに重要なことは，ただ語るだけの親や先生と，実際に実行する子どもとの間には，行動コストの主観的見積りに，しばしば大きなギャップが生じることです。とくに受験の場合，親や先生は「お前の一生がかかっているんだ。ここはイッパツ気合いで乗り切れ」などと言いますが，「イッパツの気合い」では，40日もある夏休みの間中，10時間の学習を継続するのはほとんど不可能でしょう。

語るほうはそのときだけの「気合い」ですが，実行するほうは毎日のことですからね。四六時中，「気合い」を入れ続けられるわけがない。それを「自覚がたりない」とか「根性がない」などと叱りつけるのは，酷というものです。

「あれ，これってもしかすると例の『為せば成る』の話じゃない。1章のときとはまた違う側面のことだけど」。いい勘してますね。1章では，教室は親や先生がいうほどには行動と結果が随伴していないということから，「為せば成る」の理不尽さを指摘しました。

でも，このお説教が抱える問題はそれだけではありません。「成る」ために必要な「為せば」が実行可能な範囲にあるか。さらに，それを問う必要があるんですね。

◆—効力期待

随伴性期待が高い，つまり「がんばれば望む結果が得られる」と思っていても，その前提となる「望む結果を得るのに必要なだけがんばれるか」という期待が低いと，行動への意欲はわいてきません。

これが，お約束したもう１つの期待です。意味的には行動可能性期待とでもよびたいところですが，発案したバンデュラという心理学者は，これを**効力期待**と命名しましたので，それに従うことにしましょう。

他力本願でもいいからとにかく「望む結果が得られるか」をシンプルに問うワイナー流の主観的成功確率，「がんばれば望む結果が得られるか」を問題にするセリグマン流の随伴性期待，そして「望む結果を得るのに必要なだけがんばれるか」に注目するバンデュラ流の効力期待。ひとくちに期待といっても，ずいぶんといろいろあるものですね。そして，それぞれに私たちの意欲の理解と予測に役立ちます。なお，３つの期待の関係は，図３のように表すことができます。

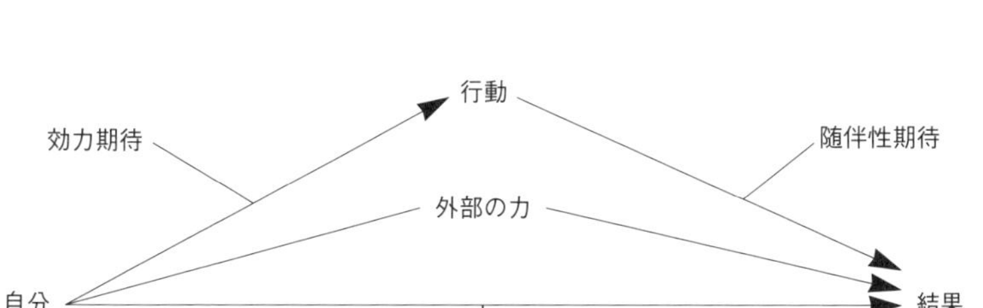

図３　随伴性期待，効力期待，主観的成功確率の関係

さて，期待の整理がついたところで，話を先の疑問にもどしましょう。失敗をふだんの努力に帰属すると，たしかに随伴性期待は高いかもしれない。でも，そこで要求される「毎日のコツコツ」を当人がやれそうと思うか。つまり，効力期待がさらにからんでくるんですね。

効力期待が高い，つまり「がんばれそうだ」と思えた場合には，主観的成功確率は高くなるでしょう。絶対的な低期待をもたらす能力帰属とは大違い，あなたの主張は正しいことになります。

ところが，効力期待が低い場合には，ふだんの努力は十分に実行されません。すると，当然の帰結として望む結果は得られない。その意味で能力帰属と同様に，主観的成功確率は低くなる，というわけです。

「じゃあ，時と場合じゃないか」ということになりますが，ここで同じ努力でも，試験直前の勉強のような，一時的な努力に帰属した場合との比較をしてみましょう。まあ１日や２日なら，それこそ徹夜で勉強することが条件であっても，何とかなると思えるでしょう。まさに「火事場の馬鹿力」ですが，効力期待は高いわけですね。かくして，主観的成功確率も高くなります。

ところが，同じ水準の努力を１か月とか１年とか持続するとなるとどうでしょう。さすがに「たいへんそうで，とてもできそうにない」となりやすいのではないでしょうか。

つまり，同じ水準の努力でも，一時的な場合に比べ，ふだんの努力となると効力期待は低くなりやすく，したがって主観的成功確率も低くなりやすい。かくして，ワイナーの論はおおむねにおいて現象に合致するといえそうです。

ようやくむずかしい問題が解決しましたね。いやー，われながら理屈っぽかった。えっ。理屈がわかっただけではどうしようもないだろうって？

「効力期待さえ高くすることができれば，ふだんの努力への帰属でも十分に意欲が出るんでしょ。だったら，何かいい方法はないの？」

なるほど。それでは最後に，この問題について，バンデュラが行っている提案に耳を傾けることにしましょう。

◆──分割払い勉強法

受験に限らず，学習はラクチンなものではありません。なんといっても，学習というのは新しいことを身につける営みですからね。どうしても行動コストが高くなりがちです。

コストを下げる常套手段といえばローン，分割払いです。結果的には同じ支払い額であっても，一括払いだと高く感じますが，分割にしてしまえば負担感がぐっとやわらぎます。

行動コストについても，分割する方法を考えればうまくいくのではないでしょうか。もっともお金と違って，行動コストは，先にどこかから借りてきて後で返すというわけにはいきません。その意味では，積み立て貯金のほうが適切なたとえかもしれませんね。バンデュラの提唱する**近接目標**の考え方は，この分割払い，あるいは積み立て貯金の原理にあたるものです。

私たちが何かに取り組むときには，目標が必要です。目標が明確なほうが取り組みやすいし，意欲もわいてきますね。

ただ，私たちは目標というと「大人になったら○○になる」のような，遠い将来の大きな目標を考えがちです。これを**遠隔目標**といいますが，遠隔目標では意欲はかえってわいてこない，とバンデュラは考えます。

クラーク博士が言うまでもなく，少年が抱く大志は立派で魅力的ですが，それだけにたいへんそうであり，効力期待が低くなってしまうことがあるんですね。将来就きたい職業はもちろん，１年後の受験のような目標でさえ，現在の自分と目標の間にある距離の遠さだけが強調されたイメージをもたらし，いたずらに行動コストを高めてしまうというわけです。

また，目標はその手段となる行動，つまり具体的に何をすればいいかを教えてくれますが，遠隔目標は，今ただちにやるべき行動を導くにはあまりにも時間的なズレが大きすぎ，このはたらきをほとんど果たしません。むしろ，遠い未来にばかり意識が向かうことで，現在為すべきことをどんどん先にのばしてしまうかもしれない。人間には弱い部分もあって，つい今やらなければいけないことをおろそかにする口実として，遠い未来に意識を向けることを利用してさえいるのです。

そこでバンデュラは，遠隔目標へといたる道筋，そこでは毎日コツコツとふだんの努力をする必要があるわけですが，そこにできるだけ身近で小さく具体的な目標を段階的におくことによって，行動コストを押し下げ，効力期待を高められるのではないかと考えました。これが，近接目標の考え方です。

算数を課題とした研究の結果，近接目標を与えられて学習に取り組んだ小学生たちは，効力期待を高め，実際の成績も飛躍的に向上させることができました。一方，遠隔目標を与えられた子どもたちは，効力期待，成績の両面においてこれに遠く及ばず，その状況は目標を与えられなかった子どもたちと同程度だったといいます。

このように，近接目標の導入は，行動コストを下げ，効力期待を高めます。効力期待の上昇は，当然の帰結として粘り強い毎日の努力をもたらし，それが成績の向上を導きます。毎日コツコツと努力するためには，毎日の努力を導く身近で具体的な目標が必要なのであって，「気合い」だけではダメなんですね。

いかなる立派な大志も，一気呵成（かせい）には成し遂げられません。ふだんの努力に生じやすい行動コストの高さを引き下げ，「がんばれそうだ」と思えるようにするには，今日，何を具体的にがんばるのか，それを遠隔目標との関係ではっきりさせておくことが有効だということなんですね。

なお，ここでやっていることを，ふだんの努力をその時どきの一時的な努力に分割しているとみることもできます。あいまいになりがちなふだんの努力を，毎日，「今日何をがんばるか」，その具体的な目標と対応した一時的努力の累積へと組み直す作業，それが近接目標の導入だ，という見方です。

その意味でも，日々の近接目標は「がんばれそうだ」と思える程度のもの，最初は「低すぎるんじゃない」と感じるくらいでいいんじゃないでしょうか。だって，最初はだれでもはりきってますからね。でも，毎日続けるとなるとだんだんしんどくなってくる。だから，まずは無理をしないで確実にできる，楽にやれるという程度の目標を立てて取りかかるのが，長い目でみるとかえって効率的ですらあるのです。

私も高校のころ，「1日に単語を10個覚える」なんて無茶な目標をたてて，最初の5日間くらいはいいんですが，そのうちに以前に覚えたのを忘れたりするでしょう。するともういけない。毎日の目標がとても成し遂げられないんですね。するとそんな自分がいやになってきて，ついには投げ出してしまったことがあります。結局のところ，うまく単語を覚えられませんでした。

はりきって勉強しようと思ったものの，志が高すぎたことがかえってあだになって，もとの木阿弥（もくあみ）に終わってしまった。こんな経験は，だれにもあるんじゃないでしょうか。まさに「すぎたるは及ばざるがごとし」ですね。まあ，長い道のりです。のんびり，しかし着実にやっていきましょう。

5章

感情を認知的に科学する

◆—感情のジュークボックス理論

感情という心のはたらきについて多くの人は，これはもうからだの内側から自然とわき起こってくるものであって，およそ理性や思考といった認知的はたらきとは無関係な，あるいは対極にあるものだと考えているのではないでしょうか。「理性で感情を抑える」「感情が高ぶって考えがまとまらない」といった表現が，認知と感情の関係について私たちがもっているイメージをよく表しているように思います。両者は「あれかこれか」の対立関係にあり，お互いのはたらきを抑えこそすれ，うながしたりはしないというイメージでしょうか。

心理学者のシャクターとシンガーの実験は，この常識をくつがえすものでした。

彼らは「ビタミンが目のはたらきに及ぼす影響を研究している」と偽って，大学生にエピネフリンを注射

しました。エピネフリンとはアドレナリンの一種で，活性剤です。したがって，心臓がドキドキしたり，呼吸数が増えたり，顔がほてるなどの生理的興奮状態が一時的に生じます。

ここで被験者を 3 群に分けます。第 1 群には注射の影響について正しい情報を，第 2 群にはかゆみなど，エピネフリンではふつう起きない症状が起きるという偽りの情報を与えます。第 3 群は，注射の効果について何も知らされませんでした。

次に，注射の効果が生じるまでしばらく待つという名目で，もう 1 人の被験者といっしょの待合室に通されます。ところが，もう 1 人の被験者というのはサクラなんですね。このサクラは，各群の半数の前ではとても陽気にはしゃいでみせました。そして，残りの半数と同室になったときには怒っているようにふるまいました。

すると，第２群，第３群の被験者は，サクラのふるまいと一致する感情，つまりサクラがはしゃいでいれば喜びを，サクラが怒っていれば怒りを，それぞれ強く感じたというのです。一方，第１群ではそのような結果は得られませんでした。

シャクターたちは，この結果を次のように説明します。

自分に生じている生理的興奮について，第１群はそれがエピネフリンによるものだと知っているので，とくにできごとの原因を考える必要はありません。ところが，第２群，第３群では，生理的興奮をうまく理解できない。

すると，これはある意味で予想外のできごとですから，３章でお話ししたように，人はそれをより一貫したものとして理解したいと思い，原因帰属を行おうとしますね。かくして，それらしい原因がないかと，周囲の状況を見渡すわけです。

このとき，ちょうど目の前に陽気にはしゃいでいるサクラがいる。すると，「そうか。さっきからなんかドキドキしているのは，自分もとてもうれしい気分だからに違いない」と思ってしまう。つまり，目の前のサクラのふるまいが手がかりとなって，不可解な生理的興奮というできごとに「喜び」というラベルをつけてしまう，というんですね。

同様に，サクラが怒っていれば，今度は生理的興奮に対し「怒り」というラベルを貼ってしまう。そして，これが実際に感情を引き起こしたと考えるのです。

ここで興味深いのは，客観的には同じ生理的興奮状態を経験しているのに，その原因をどう認知するかによって，第1群のようにとくに明確な感情が生じなかったり，第2群，第3群のように「喜び」と「怒り」という，まったく種類の異なる感情を感じたりする，ということです。

この実験からシャクターは，感情は生理的興奮と認知的ラベルの2つの要因で生じると結論づけました。もちろん，認知的ラベルだけでは感情は起きませんが，生理的興奮だけでもない。彼らは，次のような順序で感情が生じると考えたのです。

①生理的興奮が生じる。
②それに本人が気づく。
③生理的興奮の原因を探りたくなる。
④周囲の状況を見渡し，内的状態に対するなんらかのラベルづけを行う。このラベルづけが，どんな感情を感じるかを決定する。

このように，認知と感情は無関係でも対立関係でもないんですね。感情について，「からだの内側から自然とわき起こってくるもの」というイメージのあることをお話ししましたが，これを生理的興奮と理解すれば，あながち間違ってはいません。しかし，それだけでは感情にならない。加えて，認知的なラベルが必要なんですね。

ある人は，これをジュークボックスにたとえました。コインを入れてターンテーブルが回っても（生理的興奮が生じても），曲は聞こえてこない。選曲ボタンを押して（認知的ラベルが確定して）初めて曲が流れてくる，というのです。

◆—偽薬効果

すでにお話ししてきたように，原因帰属などの認知は，比較的容易に変えることができます。これに対し，感情をコントロールするというのは，いかにもむずかしそうですね。

でも，シャクター理論に立って考えると，その感情も認知しだいなわけです。すると，うまく認知をあやつることで不適応的な感情を抑えたり，さらにはより適応的な感情へと変化させることができるかもしれません。一例として，不眠症治療への応用をみてみましょう。

不眠症の原因の１つとして，「今日もなかなか眠れないんじゃないか」という不安が就寝時の心拍数の増加や体温の上昇などの生理的興奮をもたらし，さらにその生理的興奮が不安を高めるという悪循環が考えられます。ならば，生理的興奮を説明する別の原因を与えることで悪循環を断ち切ることができ，不眠の症状が軽減されるかもしれません。

そこで，不眠症に悩む人たちに，生理的興奮を高める薬だと称して偽薬（なんの効果もないみてくれだけの薬）を与え，眠る前に飲むよう求めました。すると不思議なことに，多くの人が以前よりも早く眠りにつけるようになったのです。

生理的興奮の原因を偽薬に帰属することで，不安という感情が生じるのを防いだ。その結果，不眠症が軽減されたということですね。

興味深いのは，同じ偽薬でも，先ほどとは逆に生理的興奮を抑える薬だといって飲ませると，いつも以上に眠りにつくのに時間がかかった。つまり，不眠の症状がかえって悪化した，ということです。興奮を抑えるはずの偽薬を飲んでいるのにこんなにドキドキ，イライラするのだから，ということで，生理的興奮の原因を自分の不眠症に過剰に帰属してしまう。かくして，さらに不安が高まり生理的興奮が高まる，という悪循環に陥ってしまうのです。

◆—テニスコートの恋

原因帰属によって左右されるのは，喜びや怒り，不安だけではありません。対人関係の中で感じる感情も，さまざまな影響を受けます。

ダットンとアロンという心理学者は男性を対象に，ある女性に感じた魅力を調べる実験を行いました。彼らは，橋の上で女性インタビュアーから質問を受けた男性に，「後日電話連絡をしようと思うか」をたずねたのです。すると，安定した石橋の上でインタビューを受けた群に比べ，ゆらゆら揺れるつり橋の上でインタビューを受けた群のほうが，その女性をより魅力的だと感じていたのです。これもまた，不安定なつり橋の上にいることによってもたらされたドキドキやヒヤヒヤという生理的興奮を，目の前にいる女性の魅力に誤って帰属した結果，生じた感情と解釈できるでしょう。

どうですか。これは実生活に応用したくなりませんか。たとえば，まず遊園地の絶叫マシンにいっしょに乗ります。そして，直後ではドキドキは絶叫マシンが原因だということが明らかですから，5分ほど待ちます。本人の意識では興奮はおさまったという感覚ですが，生理的には興奮はまだ少し残っています。そのタイミングでアプローチすれば，相手はこのドキドキはあなたの魅力によって引き起こされたと誤って判断するでしょう。すると，2人の距離はぐっと縮まるかもしれませんよ。

私自身，試したことがないので保証はしませんが，理論的には可能性はあるはずです。もっとも，本当にあなたの魅力によって相手がドキドキになれば一番いいんですけどね。

そんな話をしていたら，ある大学生が彼氏や彼女をつくるのに一番いいスポーツはテニスじゃないかって言うんですね。2人が向かい合って，相手のことを終始目で追いながら，そのうちにどんどん生理的興奮が高まっていく。すると，テニスコートを走り回ることで起きているドキドキを，目の前の相手に帰属しやすいんじゃないか。おまけに，ゲームが終わってから，ドキドキが残っている時間帯に相手ともっと近づいていろいろ話すのがふつうだと。これはもう，さっきのつり橋の実験状況をそのままスポーツにしたようなものだというんですね。

純粋な気持ちでテニスに取り組んでいる多くの人には叱られるかもしれませんが，可能性としてはあり得ます。社交界ではテニスがきっかけで恋が芽ばえることが多いので，「テニスコートの恋」なんて言葉が，もうかなり昔ですがマスコミでよく使われたそうです。

社交界といえば，映画「Shall we ダンス？」で一躍注目をあびた社交ダンスもそうですね。あれもかなりの運動量なのだそうで，しかも目の前には相手の顔がある。すると，どうしてもドキドキを相手に帰属しやすいんじゃないでしょうか。

いろいろ考えるとよくできてますね。えっ。そんなのもてないオジサンの言いがかりだって？　そうかもしれません。トホホ……。では気分を取り直して，このへんで話を勉強への意欲にもどしていきましょう。

◆―恥ずかしい，驚いた，腹がたつ

能力や努力のような内的な特質をもつ原因に帰属すると，成功なら誇らしい，失敗なら恥ずかしいといった感情がより強く感じられる。これが，原因帰属と感情との間に予測される関係でした。じつはワイナーは，

この着想をシャクター理論から得ています。

これまでみてきたように，生理的興奮をエピネフリン注射やつり橋の揺れや偽薬など，自分とは無関係な外的原因に帰属すると感情は引き起こされません。ところが，はしゃいでいる人や女性インタビュアー，不眠症であるという自覚を手がかりに，生理的興奮が自分の内的状態によって生じたと判断すると，喜びや愛情や不安など，判断内容に対応した感情が引き起こされるんでしたね。

ここからワイナーは，**内的帰属**は感情を高め，**外的帰属**は感情を低める。つまり，感情を支配するのは原因の位置次元だという理論仮説を導いたのです。

もっとも，ワイナー理論では成功や失敗に対する原因帰属を考えるわけで，生理的興奮の帰属とは，同じできごとでもずいぶん違うんですが，ともかくも着眼としてはつながっている。少なくとも，認知のあり方が感情を大きく左右するという点では，シャクターの影響を受けているんですね。

また，実際多くの研究が，成功を内的に帰属するほど誇らしいという感情が，また失敗を内的に帰属するほど恥ずかしいという感情が強く感じられるということを裏づけてきました。

えっ。またまた反論ですか。なになに。

「誇りとか恥って感情なら，たしかに内的帰属の場合に強く感じるかもしれない。でもね，成功や失敗に対して感じる感情ということなら，ほかにもいろんなものがあるんじゃないですか。たとえば，試験結果が思いがけず悪かったりすると，驚いたりしますよね。これだって，感情でしょ。するとこの場合，原因帰属は運のような外的帰属になりやすい。ほら，驚きっていう感情を考えれば，外的帰属をするほど強くなるでしょ。だったらさっきの仮説，あてはまらないんじゃないですか」

なるほど。いいところに気がつきました。成功や失敗に対していだく感情は，誇りや恥以外にもたくさんありますね。そして，感情によっては，必ずしも内的帰属の場合に高くならない。

私も考えつきましたよ。たとえば，先生に質問に行ったときにちゃんと対応してくれなかった。ところが，試験にはそこが出てしまい，できなかった。ここで「でもやっぱり勉強は自分の問題なんだから」と内的に帰属するよりも，「ちゃんと対応してくれなかった先生のせいだ」と外的に帰属するほうが，当然，怒りの感情が強くなるんじゃないでしょうか。

このように考えてくると，すべての感情が内的帰属の場合に強くなるとは言い切れないようですね。あるいは，内的か外的かっていうのがいっさい影響しない感情もあるかもしれません。さらには，他の次元，統制可能性や安定性がかかわってくる感情はないのでしょうか。期待の場合と同様，いろんな疑問がわいてきますね。

実際，このような批判があびせられ，ワイナーは理論を修正します。3章でもみたように，理論の修正とか学問の発展というと，それこそむずかしいことのように思いがちですが，意外に世間話的な議論や着眼が基盤になっていたりする。これがまあ，心理学という学問のおもしろいところでしょうか。

と同時に，いざ大学の心理学科に入ってみると，一見奇異に思える実験をたくさんやらされる。ここでめげる人も少なくないのですが，ちょっと待ってください。学習性無力感のところでみたように，実験室でのできごと自体は人為的で特殊なものかもしれませんが，それと「同型」な現象は日常生活のそこここに潜んでいるんですね。

だからまあ，簡単にめげずにもうひとふんばりしてほしい。すると，だんだんにおもしろさがわかってきますから。

◆──結果依存と帰属依存

さて，話をワイナー理論にもどしましょう。

ワイナーは，批判を素直に受け入れ，成功や失敗に対して生じる感情にはさまざまなものがあるのを認めます。しかし，それで終わらないんですね。さまざまな感情について，それらが生じるメカニズムの違いで次の2つに区分，整理できると主張し，理論展開のあらたな方向を模索したのです。

1つは，うれしいとか悲しいなど，成功なり失敗をすればほぼ自動的に生じる感情です。これは，できごとの結果を何に帰属しようがあまり関係ない。

では何によって感情の強さが決定されるかというと，どの程度の成功，失敗か，それも客観的な点数などではなく，やはり本人の主観的な認知だというのです。同じ80点でも，同じ学校に合格しても，ある人にとっては快挙でしょうし，また別の人にとってはたいしたことではない，といった具合ですね。結果に対する主観的な評価，長いので今後は**結果評価**とよびますが，この結果評価に依存して生じる感情という意味で，これらを**結果依存の感情**とよびます。

もう１つは，成功なり失敗の程度よりも，その原因を何に帰属するかによっておもに引き起こされる感情です。以前から問題にしてきた誇りや恥もそうですし，例示した驚きや怒り，さらには成功時の有能感，自信，満足，感謝，失敗時の無能感，あきらめ，絶望感，後悔，くやしさなど，じつにさまざまな感情が原因帰属に依存して生じているんじゃないか。その意味で，これらを**帰属依存の感情**とよびます。

結果依存の感情と帰属依存の感情の違いについてワイナーは，すべての人がおいしい料理に喜びを感じることができるが，それを誇らしいと感じるのは料理を作った，したがってそのできのよさを内的に帰属できるコックだけだ，という例をあげます。なるほどね。そういうことはたしかにあるかもしれません。

批判されてもただただ撤退しない。修正ついでにまた別のあらたな展開を打ち出しちゃうあたり，ワイナ一先生，さすが意欲の研究者だけあって粘り強いですね。

ちなみに，代表的な帰属依存の感情について，原因帰属，あるいは原因次元との関係を整理すると次のようになります。

①自尊感情：誇りや恥のような自尊感情は，当初からの予測通り，成功を内的に帰属し，失敗を外的に帰属するほど強く引き起こされます。

さっきのコックの例もこれにあたります。もっとも，恥（英語でいうと shame）の感情というのは複雑で，なぜゆえに恥ずかしいと感じるかということでみていくと，さらに2種類の感情が複合されていることがわかってきました。すなわち，恥には無能さを恥じる屈辱感（humiliation）のような側面と，為すべき努力を怠ったことを恥じるうしろめたさ（guilt）のような側面があり，同じ内的帰属でも前者は能力帰属と，後者は努力帰属と関係が深いというんですね。

さすがに感情は複雑です。期待のようにはスッキリとはいきません。でもまあ，だからこそ人間の心理はおもしろいというところでしょうか。

②怒り：怒りは，ネガティブなできごとを外的で統制可能な原因に帰属した場合に引き起こされます。

先に例示した，先生がちゃんと指導してくれなかったために成績が悪かった，なんかが典型ですね。同様に，弟や妹が騒いで勉強のじゃまをしたために成績が悪かったとしても，腹が立ちますよね。

でも，弟や妹が幼くて，騒ぐのもむりはない。さらにはお母さんの帰りが遅くて，寂しくてしかたがなかったらしい。それで勉強中に何度も遊んでくれ，かまってくれとやってきたのだとすれば，あまり腹も立ちません。これは，同じじゃまをされたにしても，弟や妹にとって騒ぐことは統制不可能だと認知しているから，つまり一種の能力不足に帰属しているからです。

③感謝：感謝は，ポジティブなできごとを外的で統制可能な原因に帰属した場合に引き起こされます。

先生が熱心に指導してくれたから，合格できた。コーチが休日返上でいっしょにがんばってくれたから，全国大会に出場できた。こういった場合が典型でしょうか。

④絶望感：絶望感は，ネガティブなできごとを安定な原因に帰属したときに感じられます。

これは，4章でみた期待についてのワイナーの解釈，つまり安定な原因への帰属による主観的成功確率の低下に伴って生じる感情なんですね。

⑤驚き：驚きは，結果のポジティブ，ネガティブに関係なく，それを運を典型とする外的原因に帰属した場合に強く感じられます。

まだまだたくさんの感情が，原因帰属の影響を受けていますね。成功時の感情では，有能感や自信は能力帰属と，満足は努力帰属と関係がありそうです。一方，失敗時の感情についても，無能感やあきらめは能力帰属から，後悔やくやしさは努力帰属から影響を受けそうですね。

ただ，1つはっきりしたことは，すでに出てきているように，原因の位置次元だけが感情にかかわっているのではなくて，統制可能性次元や安定性次元も，それぞれに感情を引き起こすということですね。その意味では，理論的にはいよいよスッキリしなくなりました。

こうなると，理論的にスッキリしているのは，少しもどって，感情は結果依存と帰属依存の2つに分類，整理できるという説ですが，これは本当なのでしょうか。

◆―仮想場面実験

ここで，私自身の研究についてお話ししましょう。実験では，大学生に次のような仮想の場面を描いた短文を読んでもらい，登場人物が経験している感情を推測してもらいます。

> 今日，A君の通っている高校では，先日行われた定期試験の答案が返却されます。A君はある科目の試験成績が気がかりでした。というのも，そ

の科目の試験成績が良いか，悪いかは彼にとってとても重要なことだったのです。A君の名前がよばれ，先生から答案が手渡されました。A君は答案を受け取ると，まっ先に成績（点数）を見ました。A君の成績は40点で，これはA君が予想していた45点よりも少しだけ悪い成績でした。A君はこの成績の原因について考え，あまり努力せず勉強しなかったから，このような結果になったのだと思いました。

このような実験を**仮想場面実験**といいます。仮想場面実験では，文章表現によって条件を操作し，さまざまな状況を生み出すことができます。そして，操作した条件が心理現象，ここでは感情ですが，それにどのような影響を及ぼすかを調べることができるのです。この実験では，結果評価と原因帰属を操作しました。

結果評価は，最後から２番目の文の予想していた点数を60点（ずっと悪い条件）にするか45点（少しだけ悪い条件）にするかで操作します。一方，原因帰属は，最後の文の原因のところを変えて操作します。例文の努力に加えて，能力（自分はあまりこの科目の勉強に適性がなく，向いていないから），他者（先生がしっかりと指導してくれなかったから），運（なにかにつけて運が悪かったから）の計４条件を設定しました。

図４は，各条件下における悲しみと後悔の２感情に関する結果をまとめたものです。

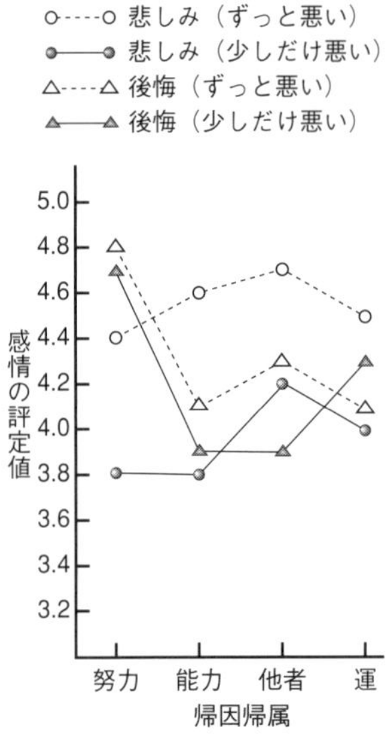

図 4　結果評価と原因帰属による感情の違い

悲しみは，「少しだけ悪い」条件に比べ，「ずっと悪い」条件においてグラフが高い位置にありますね。そして，両方のグラフとも，他者のところで多少高くなっていますが，概して山や谷が小さい形になっているでしょうか。これは，原因帰属が変わっても悲しみがそう大きくは変わらない，つまりあまり影響を受けないことを示しています。これらのことから，悲しみの感情は，おもに結果評価によって左右される。つまり結果依存の感情だということが確認されたというわけです。

それがどんな原因によるにせよ，当初の予測に照らして失敗の度合いが高ければ高いほど「悲しい」し「つらい」。なるほど，たしかにそういうことはありそうです。

他方，後悔は，２本のグラフともに山や谷がはっきりしていますね。これは，原因帰属の影響を受けていること，もっと具体的にいうと，努力帰属の場合に強く感じられることを示しています。そして，２本のグラフは悲しみほどには離れていない。これは，結果評価の影響をあまり受けていないことを表しています。これらのことから，後悔はおもに原因帰属によって左右される，つまり帰属依存の感情であることが実証されたというわけです。

努力を怠ったために失敗したと考えることにより，

「もっとがんばればよかった」と反省し，次回に向け「今度はがんばろう」と決意するということなのでしょう。

3章で，人はなぜ原因帰属をするか，その理由というかはたらきは4つあるというお話をしましたが，ネガティブなできごとの場合，対処の仕方を考えるために原因帰属をするというのがありましたね。

後悔の感情によって，この対処の仕方が導かれます。どの程度の失敗であれ，現状を分析し対処行動を模索することは事態の改善にとって不可欠なことです。そのような志向をもつ後悔の感情が，結果評価の影響を受けにくいことは，納得のいくところではないでしょうか。

このように，データはワイナーの仮説を支持しました。やはり結果依存の感情と帰属依存の感情という，2種類の感情がありそうですね。ああよかった。これで少しはスッキリしましたね。

◆──感情は一時的なものではない

この章の最後に，感情が行動にどう影響し，さらには実際の成績にまで影響することはあるのか。この問題を考えてみることにしましょう。

というのも，「一時の感情」という言葉がある通り，感情とはややもすればその場限りの一時的なものですから，それがたとえば1か月以上も先の定期試験に向けての行動や，さらには実際の成績を左右したりはしないんじゃないか，と思えなくもないんですね。

かくいう私自身も，そういう疑念をもって調査をしたことがあるので，その結果についてお話ししましょう。

今度は，中学２年生が対象です。しかも，先ほどのような仮想場面実験ではなく，現実の定期試験をめぐって実地に調査を行いました。

まず，１学期の数学の中間試験の答案を返すとき，結果を失敗と判断した生徒に対して，原因帰属とそのときの感情経験をたずねます。その後，期末試験に向けての学習行動の指標として，自宅での勉強時間を調査します。

これらをもとに，中間試験の成績→原因帰属→感情→学習行動→期末試験の成績という流れでデータを分析した結果が図５です。矢印はそこに因果関係があることを，その上の数字は因果関係の強さを表しています。数字がマイナスの場合は，一方が高いほどもう一方は低くなる関係にある，とみてください。

値が一番大きいのは，中間試験の成績から期末試験の成績への矢印ですね。まあ，これは当然でしょう。中間試験の成績が良い生徒ほど，期末試験の成績も良いということですから。これは意欲とか何とかではないですね。純粋に数学ができる，できないという，いわゆる数学の実力を表しているということでしょう。

ここで問題にしたいのは，それとは違う影響の流れです。つまり，基本的な数学の実力以外の部分で，ど

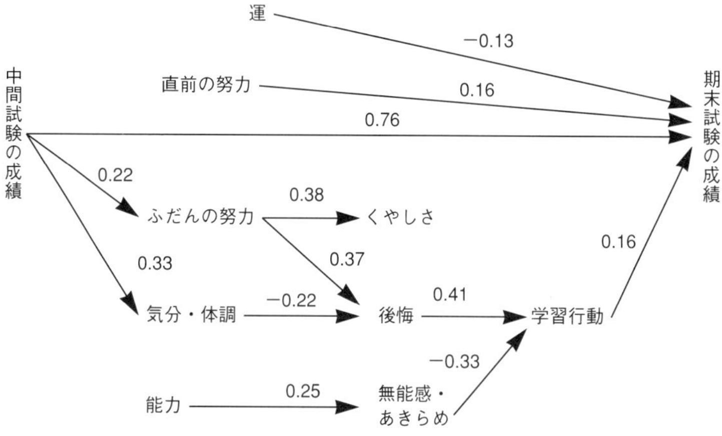

図５　中学数学学習における原因帰属，感情，学習行動，成績の関係★3

のくらい成績が変動するか。それこそ１章でみたような相対評価の，「為せば成る」とは程遠い状況においても，意欲によって確実に成績は変動するのか。さらに，そこにおいて原因帰属や感情はどれくらいの影響力をもち合わせているのか。

これらのことを明らかにしたいわけです。なぜって，もしそうなら，あなた自身の気のもちようで変えていくことのできる原因帰属を，より適応的なものに，この場合は成績が上がるものへと変えていけばいいからです。

そういう視点で，もう一度図を見てみましょう。ありました，ありました。原因帰属から感情へ，さらに感情から学習行動へ，そして期末試験の成績へとつながる矢印の流れを見つけられましたか。途中で途切れてしまうものはとりあえず無視して，ここでは２つの流れに注目しましょう。

１つは，ふだんの努力，あるいは気分・体調から後悔へ，さらに後悔から学習行動へ，そして学習行動から期末試験の成績へという因果関係です。気分・体調から後悔への矢印がマイナスのほかは，全部プラスですね。

失敗をふだんの努力に帰属するほど，気分・体調に帰属しないほど，後悔の感情が強く引き起こされる。そして，後悔の感情が強いほど期末試験に向けて勉強によく取り組み，その結果，期末試験の成績がアップする，というわけです。

もう１つは，能力帰属から無能感・あきらめへ，さらに学習行動，期末試験の成績へという流れです。ここで注意したいのは，無能感・あきらめから学習行動への矢印の数字がマイナスになっていることです。つまり，失敗を能力に帰属するほど無能感やあきらめを感じやすい。すると，勉強にもあまり取り組まず，その結果として成績はダウンする，ということなんですね。

どうですか。感情は，１か月以上も先の試験に向けてのがんばりのような，長期的な行動への意欲を左右し，さらにそれを介して試験結果にも影響を与えるんですね。「一時の感情」なんて軽くみてはいけない。意欲を考えるにあたって非常に重要なものだということが，よくわかります。

しかも，感情には行動を促進するものと抑制するものがある。この場合でいえば，後悔は学習行動を意欲づけ促進し，無能感やあきらめは意欲を減退させ学習行動を抑制します。

そして，その感情を支配しているのが原因帰属なんですね。行動や感情をコントロールするのはなかなかむずかしそうですが，原因帰属なら自分で意識することによってなんとかなりそうではありませんか。

ここでいえば，ふだんの努力に帰属するように努める。あるいは，気分・体調や能力には帰属しないように注意するといいですね。とくに，失敗を気分・体調や能力に帰属しがちだったという人は，そうすることで引き起こされる感情が変わり，その感情に左右される行動への意欲も，徐々にではありますが確実に変化してくるはずですから。

◆―感情の合理的コントロール

えっ。驚いたって。何がですか。はいはい。

「さっきの仮想場面実験なんだけど，あんな方法じゃ感情のことなんかちゃんと研究できるのかなって，ちょっと疑ってたんですよ。もっと言うと，感情じゃなくて感情に関する知識なり思考を調べてるにすぎないんじゃないかって。でも，実地の調査でも後悔なんか同じ結果が出てるでしょう。すると，仮想場面実験ていうのも，あながちいいかげんな研究方法でもないのかなあと思って」。なるほどね。これ，よく言われることです。そして，ご指摘の通り，仮想場面実験はけっしていいかげんな方法じゃない。

ちなみに，結果が一致しているのは後悔だけではありません。図5にある，無能感とあきらめが能力帰属に，くやしさが努力帰属に左右されるという結果は，仮想場面実験でも確認されています。逆に，仮想場面実験で示された，悲しさが結果評価からのみ影響を受けるということも，中学生の調査で追認されました。

とはいえ，仮想場面実験ではあなたの言うように，感情に対する知識や思考を調べているのかもしれません。でも，この章でみてきたように，感情はその知識や思考があってはじめて生じるんですね。

いや，知識や思考こそが，方向性をもたない生理的興奮に認知ラベルを与え，具体的な感情を決定する。その意味では，仮に感情に対する知識や思考を研究していたとしても，感情経験の理解に十分役立つわけです。

感情という心理現象は，たしかに複雑です。一筋縄ではいかない。理論的にも，今ひとつスッキリしない部分が残りがちです。

しかしだからといって，わけのわからない，まったく不合理で神秘的なものでもありません。シャクターやワイナーが果敢に立ち向かい，いくらかでも明らかにしてきたように，一定の心理学的メカニズムに即して，合理的に秩序正しく生じているものなのです。

したがって，そのメカニズムを理解し，うまく応用すれば，かなりの部分をコントロールできる。ぜひ，この章でお話ししてきたことを生かして，あなたの感情生活を少しでも楽で前向きなものに変えていってください。

6章

好感度断然アップの決め手

◆—どうすればほめられる？

さて，残るは統制可能性次元のみ。統制可能性はえーっと，そうそう，他者からの評価を左右するんでした。まずは，この洞察を導くきっかけとなった研究からみてみることにしましょう。

ワイナーとククラは，大学生を被験者に，次のような仮想場面実験を行いました。

仮想場面は全部で20，ずいぶん多いですね。すべて，小学生が試験で良い成績をもらったり悪い成績をもらったりした場面で，さらに小学生たちは能力が高かったり低かったり，よくがんばったり全然がんばらなかったりしています。整理すると，能力が高低の２水準，努力も同じく高低２水準，そして成績がはっきりした成功からはっきりした失敗までの５水準。これで，２×２×５の20ですね。

被験者は，自分がこの小学生の担任だったらという

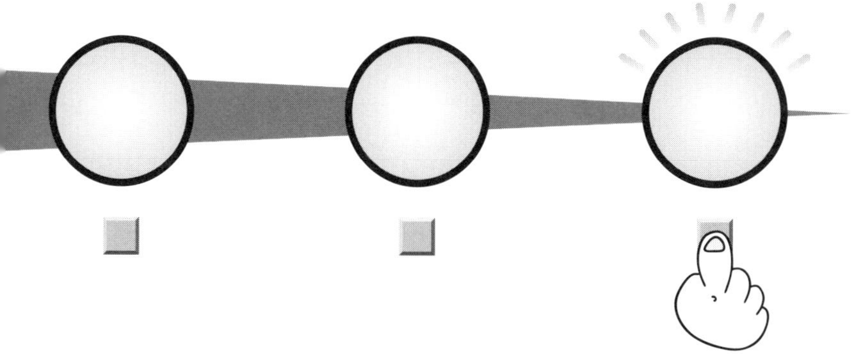

想定のもと，各場面の小学生をどのくらいほめるか，あるいは叱るかをたずねられます。能力，努力，成績の3つの要因，さらにはその組み合わせがどのような評価を引き出すか。これがこの実験のテーマなんですね。

結果は図6の通りです。すべてのグラフが右下がり，つまり，良い成績はほめられ，悪い成績は叱られる。これはまあ理解できますね。問題は，能力と努力の組み合わせが，この基本的パタンに加えてさらにどのような影響を及ぼしているかです。

4本のグラフを上から，つまりよりほめられやすい，叱られにくい順に見てみましょう。一番は低能力＋高努力，次が高能力＋高努力，そして低能力＋低努力，最後

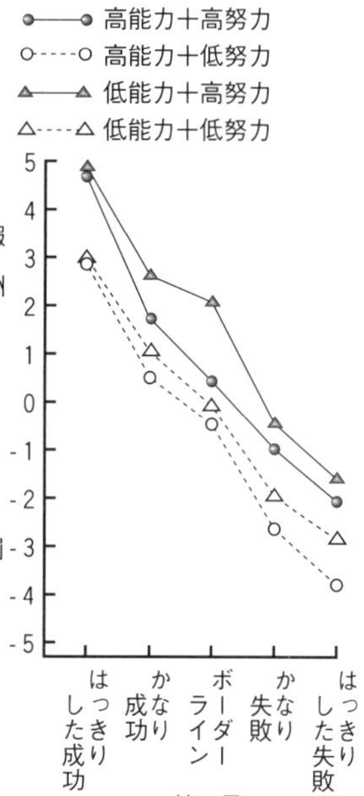

図6　生徒の成績，努力，能力による評価の違い★4

が高能力＋低努力でした。

努力は能力のいかんによらず賞賛される。とくに能力が高くないにもかかわらずがんばった場合，賞賛は大きい。一方，努力を怠ると叱られる。それも，能力がないならまだしも，能力があるにもかかわらず努力を怠った場合に，一番強く叱られるというわけです。

まあ，これも十分納得できますね。パラリンピックでの懸命な姿が，オリンピック以上に人々の感動と賞賛を引き出す。小柄な力士が土俵際で粘ると，ついつい応援したくなる。このような例は，身近なところにいくらでもあるでしょう。

では，何がこのような評価の違いを引き出しているのでしょう。ワイナーは，原因の統制可能性が決め手になると考えました。

努力は，本人の意思によって統制可能です。一方，能力は統制不可能ですね。すると，同じ失敗であっても，能力に帰属したならばそれは本人にとってどうすることもできない原因なのだから責めるのはかわいそうだ。ところが，努力に帰属したなら，やろうと思えばなんとかなったわけですから，これはもう責められてもしかたがない，というわけです。なるほど。原因の統制可能性の有無が，人々の評価を決定する根拠になっていますね。

◆──ウソも方便

原因の統制可能性の影響は，他者に対する評価だけではありません。さらに，他者に対する感情や行動にまで影響を及ぼす場合があります。

これも仮想場面実験で明らかになってきたことですが，人は，目の病気のために講義のノートをとれなかった学生には同情し，自分のノートを貸すという援助行動を起こしやすいのですが，海に遊びに行っていたことが原因の学生には怒りをおぼえ，援助はさし控えられるんですね。

あるいは，地下鉄のホームで１人の男が大勢の見ている前で倒れたとしましょう。その際，「杖をついていた」という情報をセットで与えると同情や援助行動が生じやすく，「酔っぱらっていた」という情報が添えられると怒りが生じ援助は相対的に少なくなる，ということも報告されています。

他者のネガティブな結果に対する原因の統制可能性は，その結果が怒りを引き出すか，同情や共感を引き出すかを左右するというわけです。そして，いずれの感情が生じるかによって援助がさしのべられるか否かが決まってくる。

「へー。そんなことは今初めて知った」って？　ウソを言っちゃいけません。あなただって，この知識を日常的に利用，時には悪用しているでしょう。

たとえば，待ち合わせの時間に大幅に遅れたとき，あなたは正直に「寝坊しちゃって」と言いますか。なかなか言えませんよね。だってそんなことを言ったら，相手は怒りますからね。やはりここは怒りをかわないように，何か統制不可能な原因，たとえば電車が遅れたとか，せいぜい出がけに電話が入ったとか，そういった言い訳をするんじゃないですか。

そういえば思い出すなあ。私の中学校は自転車通学が多かったんですが，毎日のように自転車のチェーンが切れたりタイヤがパンクする奴がいました。もちろん，そんなはずはないわけで，ほとんどは言い訳なんですけどね。まあ，そこは先生も承知していて，半分ちゃかしながら「そんなによく故障する自転車じゃ，歩いてきたほうが早いだろう」なんて言ったりしてね。

でも，なかには悪質なのもありますよ。仕事のさぼりぐせが抜けない人なんか，１年の間に十数人も親類縁者が死んだことになったりしますからね。さすがにここまでくると，笑い事じゃすまされません。職場の同僚はたまったもんじゃないですからね。

◆—ダメもと，たなボタ大作戦

言い訳という話題が出たところで，もう１つ興味深い現象をみてみることにしましょう。

ワイナーとククラが示したように，学校の先生は一貫して努力を賞賛します。ところが，不思議なことに生徒たちは努力しないばかりか，せっかくの努力を隠したりする。

これはじつに不可解な現象です。これを理解するには，同じ他者との関係でも，他者の目に自分がどう映っているか，あるいは自分自身を自分がどうみているか，いわゆる自己イメージといったことに注目する必要があります。

ケヴィントンとオメリックという心理学者は，ワイナーとククラに似た仮想場面実験を行いました。違っていたのは，能力に関する情報は提供されず，努力の高低と言い訳のあるなしの組み合わせの４条件だったこと，先生からの罰に加えて，生徒の潜在的な能力がどのくらいかという見積もりと，そこで生徒が感じているだろう恥の感情の推論を求めたところです。なお，５章で述べたように恥は複雑です。ここでは，屈辱感のほうだと考えてください。

なぜこのように変えたのでしょう。理由は次の通りです。

ケヴィントンによると，能力は直接観察することができません。能力は，観察可能な努力と結果の良し悪しから推論されるのです。仮に結果が失敗なら，努力していればいるほど能力は低いと推論されるでしょう。したがって，あらかじめ失敗が予測される場合には，努力をわざとさし控えるのが肯定的な自己イメージを防衛する最善の手段になるのです。

ところが，先生は努力に価値をおきますから，努力不足の末に起きた失敗を見すごしはしません。当然の努力を怠ったことに対しきびしい罰が与えられ，生徒はやはり傷ついてしまうのです。

これは一種のジレンマですね。では，生徒はどうすればいいのでしょう。ケヴィントンとオメリックはこ

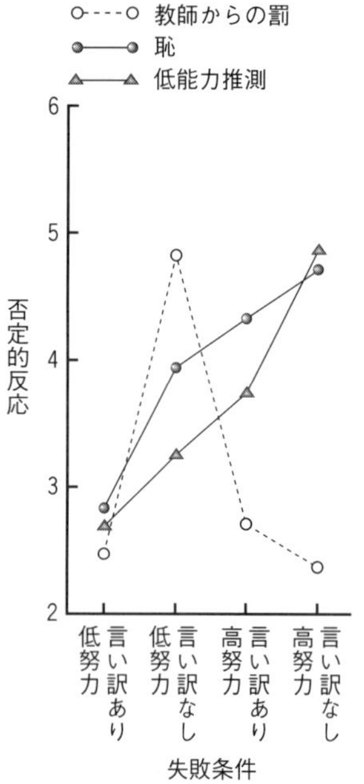

低努力時の言い訳：
病気のため勉強できなかった
高努力時の言い訳：
勉強したところが試験にでなかった

図７　生徒の努力の高低と言い訳の有無による評価の違い★5

のことを検討するために，先のような実験条件とあらたな指標を導入したのです。

結果はどうだったでしょうか。図７がそれですが，グラフの位置が上にいくほど，きつく叱られ，恥ずかしく感じ，能力が低いと判断された，ということですから，下のほうにあるのが生徒にとって望ましいということですね。

まず読み取れるのは，たとえ失敗しても，高努力ならば先生には叱られないということです。これはワイナーとククラでも見出されていました。でも，恥や低能力推測の値は高い。感情的にはしんどく，自己イメージもひどく傷つくというわけです。

ならば，低努力ではどうでしょう。今度は恥ずかしくはないし，低能力推測も起きません。ところが，先生からの罰は突出して高いですね。やはりジレンマは存在するのです。

このジレンマを解消する，つまりすべてのグラフが下にきているのはと探すと。ありました，ありました。低努力＋言い訳あり。つまり，なんにもしないで言い訳ばかり言う。たとえば，「勉強しようと思ったんだけど，急におなかが痛くなってできなかった」とかなんとか口からでまかせで世の中を渡っていくという作戦ですね。

これなら，自己イメージは傷つかないし，先生にも叱られないですむ。さらにいいことには，もし万が一成功すれば，努力もしないで成功したんですから，とても能力が高いということになります。ダメでもともと，うまくいけば儲けもの。いわば「ダメもと，たなボタ作戦」なんですね。

「なんか不誠実だし建設的じゃないなあ」。まあ，たしかにそうですね。でも，これが一番折り合いがつくんだから仕方がない。失敗が予測される限り，どんな意味でも傷つかないようにするには，これしかないでしょう。

ただ，この「ダメもと，たなボタ作戦」にも問題があります。なんといっても，努力もせず言い訳ばかりしているわけですから，いつまでたってもできるように，わかるようになっていきません。要するに「ダメもと，たなボタ作戦」は，短期ならともかく，長期に用いるとジリ貧になってしまう。

そうなると次に有効な作戦は，実際にはちゃんと努力するんですが，先生も含め他人にはそのことを隠しておき，努力できなかったというウソについての言い訳を言って歩くという複雑なものになります。

「へー。すごいなあ」なんて感心していますけど，あなたのまわりにすでにこの作戦を実行している人はいませんか。それこそテストの朝なんかに限って，「いやあ。昨日はテレビばっかり見ちゃってさあ。全然今日の準備してないんだあ。ねえねえ，どこが出そうなの。教えてくれよ」とかなんとか言ってる隣の彼なんか，あやしいんじゃないかなあ。

でも，もしそうだとしても，そっとしておいてあげてくださいね。だって，必死で自分を防衛しようとしてるわけだから,そこを責めちゃかわいそうでしょう。

3章でみたように，原因帰属のはたらきの1つにも防衛はありましたけど，防衛というのは自分を肯定していたい，納得のできる自分でいようと必死にがんばっていることの現れなわけですから，人間にとってなかなかに大事なことなんですよね。たしかに長期的に用いるとジリ貧になってかえってまずい場合もあるけど，短期的にそれによって自分を守り，安定したなら今度は積極的に打って出る，といった使い方ならいいんじゃないでしょうか。

また，そう考えるなら，こんな思いまでして勉強や試験と向かい合っている子どもたちに，ただただ「努力することは尊い」なんてお題目をふりかざす伝統的な学校や先生は，なんとも稚拙で乱暴なやからじゃないかとすら思えるんですが，いかがでしょうか。

終わりに

最後のメッセージ
ゆっくり，しかし着実に
認知のくせを変えていきましょう

これで私の話は終わりです。

意欲や感情といった，人間の心のはたらきの中でも一番あいまいでとらえにくそうなものを心理学がどうやって理論化し，科学的に研究していくか。さらに，その知識を生かして，あなたの意欲や感情を少しでも適応的な方向にもっていくにはどうすればいいか。そんな話をしてきたつもりですが，いかがだったでしょうか。

途中何か所か，心理学の理論構成の仕方や理論の修正の進み方といったことについてもお話ししました。理屈っぽかったかもしれませんが，心理という複雑であいまいになりやすいものだからこそ，それをとらえる理論枠組みをどう構築するかが重要なんですね。

心理学を学ぼうとする人の中には，もっぱら実践に関心があって，理論なんかどうでもいいという人が時どきいますが，理論がしっかりしていないと応用もできない。その意味で大切なことだと考えてくだされば ありがたいと思います。

もちろん，実践や応用も大切です。それほど多くの提案はできなかったかもしれませんが，なるほどと思ったことやできそうなことがあったら，ぜひ挑戦してみてください。

でも，あわてちゃいけませんよ。比較的変えやすいといってきた原因帰属にしたところで，ふと気がついてみると以前のパタンにもどってた，なんてこともままあるでしょうから。認知とはいえ，やはり一種の習慣ですから，徐々にしか変わっていかないのがふつうです。

ゆっくりでも少しずつでもいいですから，着実に自分の認知のくせを変えていくことが大切です。それによって，だんだんに感情や期待や，さらには行動や結果までもいい方向に向かい始めてくるはずですから。

それでは，さようなら。少しでも意欲的で心おだやかな毎日が送れますように。

この本で引用した文献

★1　Golin, S., Terrell, F., Weitz, J., & Drost, P. L.　1979　The illusion of control among depressed patients. *Journal of Abnormal Psychology*, **88**, 454-457.

★2　Meyer, W.　1970　Selbstverantwortlichkeit unt leistung motivation. Unpublished Ph. D. dissertation. Ruhr Universitat, Bochum, Germany.

★3　奈須正裕　1990　学業達成場面における原因帰属，感情，学習行動の関係　教育心理学研究, **38**, 17-25.

★4　Weiner, B., & Kukla, A.　1970　An attributional analysis of achievement motivation. *Journal of Personality and Social Psychology*, **15**, 1-20.

★5　Covington, M. V., & Omelich, C. L.　1979　Effort : The double-edged sword in school achievement. *Journal of Educational Psychology*, **71**, 169-182.

[著者紹介]

奈須正裕（なす・まさひろ）

1961年　徳島県に生まれる。
徳島市立加茂名中学校卒業。徳島市立高校卒業。
徳島大学教育学部卒業。東京大学大学院教育学研究科博士課程修了。博士（教育学）。
現　在　上智大学総合人間科学部教育学科教授（教育心理学，教育方法学）
主　著　『学校を変える教師の発想と実践』（金子書房）
『学ぶ意欲を育てる――子どもが生きる学校づくり』（金子書房）

心理学ジュニアライブラリ　03

やる気はどこから来るのか
意欲の心理学理論

Printed in Japan.　ISBN978-4-7628-2280-3
印刷・製本／亜細亜印刷㈱

定価はカバーに表示してあります。
検印省略

2002年10月30日　初版第1刷発行
2010年6月20日　初版第5刷発行

著　　者　奈須正裕
発 行 所　㈱北大路書房

〒603-8303　京都市北区紫野十二坊町12-8
電話　(075) 431-0361㈹
FAX　(075) 431-9393
振替　01050-4-2083

落丁・乱丁本はお取り替えいたします

心理学ジュニアライブラリを読もうとしているみなさんへ

心理学って，すごくおもしろいんです。そして，けっこう役に立つんです。

といっても，心のケアが必要な人たちの手助けをするということだけではありません。どのような人たちにとっても，知っておくとためになる学問です。ただし，「心理学を学んだら，人の心を見抜けるようになったり，人をあやつることができる」などというような意味ではありません。テレビや雑誌で紹介されている占いや心理テストのようなものとも違います。やたらとむずかしい，わけのわからないものでもありません。

この心理学ジュニアライブラリでは，それぞれの巻ごとにテーマをしぼって，多くの人たちが気づいていなかったり誤解したりしているであろう『人の心のしくみ』について解説してあります。そして，その解説したことにもとづいて，私たち心理学者が，みなさんになんらかのメッセージを送ろうとしました。その内容は，いずれも，みなさんがよりよく生活していくうえで大切だと，私たちが自信を持って考えているものです。また，どの内容も，学校や家庭であらたまって学ぶことがめったにないものです。人生経験を積んでいくなかで自然に身につくこともあまりないでしょう。これが，私たちがこのようなライブラリを発刊しようと考えた理由です。

この心理学ジュニアライブラリを通して「へえー」とか「なるほど」というように感じながら『人の心のしくみ』についての新たな知を得，それをこれからの人生に少しでも活かしていただければ幸いです。

企画編集委員　吉田寿夫・市川伸一・三宮真智子